CAMPUS em CHAMAS

o Reino de Deus invadindo as universidades

FELIPPE **BORGES** CÉSAR **BIANCO**

CAMPUS em CHAMAS

o Reino de Deus invadindo as universidades

PREFÁCIO POR
TEÓFILO HAYASHI

Todos os direitos deste livro são reservados pela Editora Quatro Ventos.

Editora Quatro Ventos
Rua Liberato Carvalho Leite, 86
(11) 3746-8984
(11) 3746-9700

Proibida a reprodução por quaisquer meios, salvo em breves citações, com indicação da fonte.

Todas as citações bíblicas e de terceiros foram adaptadas segundo o Acordo Ortográfico da Língua Portuguesa, assinado em 1990, em vigor desde janeiro de 2009.

Editor Responsável: Renan Menezes
Equipe Editorial:
Victor Missias
Sarah Lucchini
Eliane Viza B. Barreto
Diagramação: David Chaves
Capa: Big Wave Media

Todas as citações bíblicas foram extraídas da versão Almeida Corrigida Fiel (ACF)

Bíblia Sagrada. Traduzida em português por João Ferreira de Almeida na versão Revista Corrigida Fiel. Citações extraídas do site: https://www.bibliaonline.com.br/acf. Acesso em 15 e 16 de janeiro de 2019.

1ª Edição: Janeiro 2019
1ª Reimpressão: Março 2019

Ficha catalográfica elaborada por Geyse Maria Almeida Costa de Carvalho – CRB 11/973

B732c - Borges, Felippe

Campus em chamas: a história do dunamis pockets dentro das universidades / Felippe Borges, César Bianco. - São Paulo: 2019.
232 p.

ISBN: 978-85-54167-09-7

1. Religião. 2. Desenvolvimento 3. espiritual. 3. Evangelismo. 4. Universidade I. II. Titulo.

CDD 268
CDU 2-42

sumário

CAP. 1: GRANDES COLHEITAS NASCEM DE PEQUENAS SEMENTES 31

CAP. 2: EXPANDINDO SONHOS 65

CAP. 3: NÓS SOMOS A BÍBLIA QUE O MUNDO LÊ 89

CAP. 4: SER OU NÃO SER, EIS A QUESTÃO 115

CAP. 5: TRABALHO INDIVIDUAL OU EM GRUPO? 139

CAP. 6: O EVANGELHO DO REINO 163

CAP. 7: AS ESFERAS DA SOCIEDADE 177

CAP. 8: O PODER SOBRENATURAL DA EXCELÊNCIA 201

CAP. 9: OS "CAMPUS" ESTÃO PRONTOS PARA A COLHEITA 217

dedicatória

Dedico este livro à minha amada esposa Angela, que desde o início do nosso relacionamento acreditou e me incentivou em todos os sonhos que o Pai liberou sobre a minha vida, principalmente em relação ao Dunamis Pockets. Sou grato a Deus por cada lágrima derramada como sinal da paixão e amor pela minha vida e também pelos jovens universitários! Obrigado por sua força e coragem. Juntos viveremos todas as promessas do Pai para a nossa família e geração.

Também dedico esta obra aos meus pais. Obrigado por investirem em minha vida espiritual e acadêmica. Graças às suas orações, amor e carinho, hoje vivo os sonhos do Pai para a minha vida. Com toda a certeza, cada uma das sementes que vocês lançaram germinaram e cresceram. Este livro é um dos muitos frutos que hoje colhemos. Amo vocês.

Felippe Borges

Dedico este livro às mulheres mais fortes e cheias de Jesus que conheço e tenho o privilégio de conviver.

À minha querida esposa Pâmela, que sempre fez de tudo para que eu pudesse viver os planos de Deus para as nossas vidas.

Sua força, garra e amor me inspiram e me fazem querer ser mais parecido com Jesus todos os dias. Obrigado por caminhar ao meu lado, me suportando em todas as nossas aventuras.

À minha doce e amada Lara. Ser seu pai é um presente! Seu amor por Deus, pelas pessoas e pela Igreja, mesmo tão pequena, me fazem querer sempre mais! Jamais esquecerei sua empolgação em relação aos Pockets e os *skypes* que fazíamos juntos!

César Bianco

agradecimentos

Agradeço, primeiramente, a Deus por ter me criado, guardado e escolhido para uma missão tão linda e poderosa. Toda honra e glória para Ele!

Ao meu pastor e pai espiritual, Teófilo Hayashi, pois sem seu olhar visionário e amor contagiante pelo Reino, eu não poderia ter escrito as páginas deste livro e vivido tudo o que vivi. É uma grande honra estar junto de alguém que experimenta as coisas de Deus de uma forma tão intensa e empolgante.

Às minhas amadas Pâmela e Lara. Sem o suporte e compreensão dessas mulheres de Deus, eu não teria conseguido vencer com tanta leveza e alegria. Vocês fazem toda a diferença na minha vida.

Ao meu pai, que lembro hoje com saudades por não estar mais aqui, mas que investiu na minha vida com todo amor. Toda a sua dedicação em me passar princípios de amor e resiliência fez com que eu agisse da mesma forma com meus "filhos espirituais" nesta aventura chamada Dunamis Pockets.

Aos inesquecíveis líderes de Pockets, que entregaram seus corações para que pudéssemos viver tudo o que vivemos e ver os frutos de hoje. Vocês são desbravadores corajosos, sinceros e apaixonados por Cristo. Os nomes de vocês estão marcados para sempre nas entrelinhas desta obra, em capítulos memoráveis da minha história e no livro da vida escrito por Deus!

À toda equipe da Quatro Ventos, que está fazendo um sonho se tornar realidade, além de produzir uma ferramenta poderosa e cheia de amor para uma geração que será a voz que clama nas universidades e abrirá caminhos para uma sociedade transformada.

CÉSAR BIANCO

agradecimentos

Agradeço a Deus pela vida incrível e chamado poderoso que Ele me entregou. Sou grato pelo meu pai, Borges, e minha mãe, Nazaré, que nunca desistiram de mim. Ambos me apresentaram o Eterno. Obrigado por todo amor e carinho!

À minha linda esposa, Angela, que todos os dias me encoraja e vive junto comigo os sonhos do Pai para a nossa família. Muito obrigado, amore, a sua coragem me inspira!

E quero agradecer do fundo do coração ao meu pai espiritual, Teo Hayashi, que desde 2007, enxergou dons, talentos e habilidades em mim e me guiou com tanta sabedoria a fim de que eu pudesse alcançar marcos eternos, que só a graça de Deus nos possibilita. Teo, as sementes germinaram e juntos celebraremos essa grande colheita.

Sou muito grato a Deus por todos os líderes de Dunamis Pockets, embaixadores do Reino dentro das Universidades, obrigado pela confiança e por continuarem um legado que impactará muitas e muitas gerações. Com certeza, não poderia deixar de mencionar aqueles que, junto comigo, trabalharam de forma árdua dentro do escritório Pockets a fim de que todos os envolvidos no Dunamis Pockets fossem servidos com excelência.

Agradeço também a toda liderança do Dunamis, aos meus amigos de ministério e aqueles que fizeram e fazem parte da minha vida. E, por último, porém não menos importante, agradeço à equipe da Quatro Ventos, que fez o sonho virar realidade. Obrigado por nos ajudar a escrever esta obra. Se não fosse o profissionalismo de vocês juntamente com a paixão pelo que fazem, o nosso Deus não seria tão honrado e glorificado como está sendo. Muito obrigado!

FELIPPE BORGES

prefácio

Os futuros líderes da sociedade estão no *campus*. Em sua ampla maioria, os presidentes do mundo, senadores, membros dos parlamentos, banqueiros, advogados, juízes, professores, médicos, artistas, comunicadores, músicos e aqueles que ditam tendências passaram pelo sistema universitário. Em todos os aspectos críticos da cultura de uma nação, a universidade é onde encontramos os futuros influenciadores do mundo. Os maiores movimentos, virtuosos ou perniciosos, começam nos centros acadêmicos e em seus arredores. Do avivamento espiritual à revolução política, a História atesta que o *campus* universitário dá à luz mudanças. Criacionismo, feminismo, ateísmo, marxismo e praticamente todas as outras revoluções que se espalham pelo mundo, em algum momento, começaram como uma pequenina semente que foi lançada em um polo acadêmico cheio de corações apaixonados e mentes brilhantes. Os valores cultivados e disseminados no *campus*, em questão de poucos anos, podem se tornar o padrão da sociedade moderna, e é exatamente isso o que temos experimentado hoje. A filosofia, a moral e a ética ensinadas por professores universitários e aplicadas pelos estudantes, lentamente, trilharam o seu caminho até às políticas públicas, à mídia e à educação. Essas ideias e valores se solidificam em questão de décadas através da legislação, educação, música, filmes, literatura e meios de comunicação. Porém, isso pode mudar. Por meio de uma nova geração de universitários que surge com mudanças.

Curiosamente, pesquisas recentes revelam que a maioria daqueles que se tornam cristãos, o fazem ainda quando estão no período de formação humana, acadêmica e profissional. Inúmeros estudos continuam a confirmar que a maior parte das pessoas se rende ao senhorio de Cristo antes dos seus 25 anos. Se você parar e prestar atenção, perceberá que muitos dos que compõem a nova geração de líderes da Igreja mundial responderam ao chamado do evangelho entre 18 e 25 anos. E isso é extremamente compreensível, uma vez que é nessa janela de tempo que começamos a deixar para trás a adolescência e passamos a entrar em um processo de amadurecimento e autoconhecimento. Passamos a nos perguntar quem realmente somos e qual é o nosso propósito aqui na Terra, respostas que só encontramos em Deus. Questionamos se realmente queremos trilhar os mesmos caminhos que gerações passadas trilharam, porque é latente o sentimento de querer garantir que nossa passagem por esta Terra seja uma passagem que cause impacto e transformação. É nessa fase, quando estamos com Ele, que experimentamos uma liberdade que, até então, muitos de nós não tínhamos acesso ou mesmo coragem para usufruir. Adquirimos a consciência de que somos livres para correr grandes riscos e dar passos de fé para ir a qualquer lugar que o Senhor nos enviar. É a época de encarar novos desafios, investir em sonhos "loucos" e abrir os nossos corações para o desconhecido, para o original, em relação ao nosso propósito pessoal, convicções e objetivos de vida.

Seja como for, uma coisa é certa, independentemente das gerações, os universitários sempre demonstraram sentir o desejo de fazer parte de algo maior que eles mesmos. Eles querem que suas vidas sejam significativas, querem ter uma causa para defender. O jovem universitário, de maneira geral, no fundo de seu coração, quer mudar a realidade que está à sua frente, sendo ela, exclusivamente, a sua própria ou a de todo o mundo. E é nessa jornada de autodescoberta que eles aprendem a identificar o que querem mudar na sociedade e o que já está mudando. Eles descobrem onde existem lacunas para ocupar e trazer inovação. Conforme eles se inserem no mercado de trabalho e nas esferas de influência da sociedade, aprendem a enfrentar a resistência natural à mudança, além de entenderem a necessidade de carregar algo diferente para se destacar no mundo.

A universidade é o maior polo de geração de líderes da pós-modernidade, e é nossa missão enxergar o *campus* como o campo missionário mais estratégico para transformação da sociedade e formação de missionários multiculturais. Bill Bright, o fundador da Cruzada Estudantil, dizia: "Se conseguirmos conquistar o *campus* hoje, conquistaremos o mundo amanhã". Os universitários são a elite instruída que provavelmente irá liderar o governo, a religião, o campo militar, a educação, e até mesmo esportes e entretenimento nas próximas décadas. Entretanto, eles só serão capazes de cumprir plenamente a Grande Comissão como profissionais se durante os seus anos acadêmicos conhecerem o maior líder e revolucionário da História: Jesus Cristo.

Foi justamente devido a este entendimento que decidi, no início de 2008, sair do conforto dos Estados Unidos, depois de 10 anos morando lá, para abraçar a volta ao Brasil com o objetivo específico de alcançar as universidades de todas as nações. Começamos a levar o evangelho para o *campus* com algumas reuniões semanais em uma universidade de São Paulo.

E vendo que ali havia fome espiritual e corações dispostos para serem usados por Deus, continuamos expandindo o Reino em outros *campi*, e até hoje não paramos. O que começou como uma pequena reunião de universitários em uma sala da aula se transformou em um movimento missionário que estabelece a cultura do Céu em centenas de universidades. Para nós, esses pequenos ajuntamentos eram como pequenos bolsos de avivamento dentro dos centros acadêmicos. E por tal motivo, demos a esses encontros universitários o nome profético de Dunamis Pockets. No grego, a raiz da palavra dunamis é *dynamus*, que significa "o poder explosivo do Espírito Santo", enquanto que *pockets* é o termo inglês para "bolsos".

O primeiro líder de Pocket foi o Felippe Borges na Universidade Mackenzie. E pouco tempo depois, o César Bianco, proprietário de uma lanchonete dentro de um *campus*, sentiu o Senhor o chamar para se dedicar à expansão dessas reuniões em outras instituições ao redor do Brasil e das nações. Estes dois homens de Deus respiraram Dunamis Pockets e carregaram o encargo do Espírito Santo de ver as universidades salvas. Eles pregam o que vivem. Ambos conhecem a realidade da vida universitária e carregam autoridade para falar como ganhar e discipular uma universidade para Jesus. Enquanto eu escrevo isso, temos mais de 300 reuniões acontecendo semanalmente. Existem Pockets com 400 membros e 10 membros. Temos universitários que se reúnem em auditórios e outros que se encontram em praças de alimentação e salas de aula. Temos alguns ajuntamentos que são apoiados pelo corpo docente, enquanto outros são perseguidos dentro dos seus centros acadêmicos. Contudo, uma coisa é certa: todos os Pockets pregam a Bíblia, adoram a Jesus, servem o próximo e demonstram, de maneira palpável, o poder do Espírito Santo.

O Dunamis Pockets é uma visão que começou no coração de Deus e que foi confiada a mim durante os meus anos como missionário, até finalmente ser trazida à existência por esses dois homens de Deus que admiro muito, os autores deste livro. Nesta obra, eles nos entregam um manifesto para alcançar as universidades com o amor de Cristo e o fogo do Espírito Santo. Através de histórias extraordinárias e revelações embasadas pela Palavra de Deus, eles nos chamam a sair da nossa zona de conforto para encontrar a nossa identidade como missionários no *campus* universitário e nas esferas de influência da sociedade. Esta obra é um convite para um avivamento pessoal que culmine em um avivamento dentro de cada universidade ao redor do mundo.

Que este livro acenda em você o fogo que colocará o seu *campus* em chamas por Cristo.

TÉO HAYASHI

Líder e Fundador do Dunamis Movement
Cofundador do The Send
Pastor Sênior da Igreja Monte Sião

introdução

Se você pudesse escolher quais seriam as suas últimas palavras neste mundo, o que você diria? Algo importante, certo? Mas tão importante quanto o que você diria é quem são as pessoas que estariam escutando você. Se você pudesse escolher, quem seriam essas pessoas? Em seus momentos finais aqui neste mundo, Jesus foi muito intencional e profético nas respostas a estas duas perguntas. Ele escolheu compartilhar suas últimas palavras com as pessoas mais próximas a Ele, os discípulos. E fez isso não apenas como uma demonstração do seu grande apreço e afeto por eles, mas porque cada um deles era uma representação profética de cada pessoa que um dia haveria de se tornar um discípulo de Cristo, um cristão. As palavras que Jesus compartilhou com aqueles homens também eram palavras para nós. Elas foram uma mistura de um último desejo e uma última ordem antes de partir:

> E disse-lhes: Ide por todo o mundo, pregai o evangelho a toda criatura. (Marcos 16.15)

Portanto ide, fazei discípulos de todas as nações, batizando-os em nome do Pai, e do Filho, e do Espírito Santo; Ensinando-os a guardar todas as coisas que eu vos tenho mandado; e eis que eu estou convosco todos os dias, até a consumação dos séculos. (Mateus 28.18-20)

A princípio, talvez seja difícil assimilarmos a ideia de que Deus realmente conta conosco para realizar tamanha façanha como ir por todo mundo e pregar o evangelho a toda criatura. Afinal, "todo mundo" é bastante gente para discipular e muitos lugares para ir. Apesar disso, a verdade é simples, leve e empolgante, como um chamado a uma aventura: nós fomos criados e escolhidos para realizar o sonho de Deus ao lado d'Ele. E se quisermos ser efetivos no cumprir desse chamado, devemos expandir nossa visão sobre missões para além dos tradicionais campos missionários, frequentemente definidos apenas pela geografia de lugares que nunca ouviram falar do nome de Jesus. Nosso objetivo é expandir o Reino de Deus por toda Terra. E se nós queremos fazer isso de maneira sustentável, é necessário que foquemos em termos de espaço (nações discipuladas) e tempo (gerações de discípulos), além de ajustar nossa visão para enxergar as esferas de influência da sociedade como campos missionários também. A família, o governo, as artes e entretenimento, a economia, a educação e as ciências, a mídia e a religião são os pilares sob os quais estabelecemos nossa cultura. Esses pilares são os campos missionários mais estratégicos para discipular nações e gerações, porque a forma como nos percebemos e nos relacionamos está intrinsecamente ligada ao que acontece nessas esferas. Em vista disso, o *campus* universitário é o maior e mais relevante campo missionário da pós-modernidade, uma vez que ele é o maior território transcultural e multigeracional para formação de líderes e profissionais que influenciarão a sociedade. Dentro dele se agrupam os melhores fatores para o desenvolvimento de cristãos que querem influenciar a sociedade e cumprir a grande comissão:

1. Acesso a pessoas de diversas esferas da sociedade por meio dos diferentes cursos acadêmicos;

2. Contato com mestres e profissionais que influenciaram ou ainda influenciam a sociedade por meio de suas carreiras;

3. Comunhão com pessoas de diferentes culturas, nações e gerações;

4. Espaços saudáveis para a inovação, através do questionamento e discussão de ideias e métodos.

5. Ambientes propícios para o desenvolvimento de comunidades;

6. Estruturas físicas e tecnológicas para promover ajuntamentos.

As universidades possuem as melhores condições para servir como berços de formação dos futuros líderes da sociedade.

Desde sua origem, na Idade Média, podemos notar a forte conexão entre o crescimento dessas instituições e a expansão de reinos, a formação de líderes e a propagação da cultura de nações. Com o surgimento da vida nas cidades urbanas, muitos estudantes e professores, vindos de diferentes lugares, começaram a formar associações beneficentes para promover o desenvolvimento social, econômico, científico e artístico de comunidades locais. Com o passar do tempo, essas associações obtiveram direitos legais e coletivos garantidos por autoridades, como imperadores, reis e governadores, para institucionalizar suas atividades e continuar a estimular o progresso. A partir de então essas associações passaram a se chamar *universitas*, termo latim do qual provém a palavra "universidade", que significa "um todo" ou "um grupo de pessoas associadas a um corpo, sociedade ou comunidade por um objetivo comum". Mais tarde, o termo passou a ser usado para denominar instituições acadêmicas voltadas para ensino superior, uma vez que o objetivo era o mesmo: promover transformação e desenvolvimento social.

Ainda que uma parte dos cristãos tenha uma enorme dificuldade de enxergar o potencial das universidades como campos missionários, é inegável o papel que essas instituições possuem na construção do futuro da humanidade em todos os tipos de escalas (estadual, nacional e global). Não podemos permitir que a Igreja permaneça indiferente à conquista desses espaços. A Bíblia nos encoraja a sempre combatermos a mentira de que a "cultura do mundo" é mais forte do que a cultura celestial que carregamos. A verdade é simples e implacável:

... maior é o que está em vós do que o que está no mundo. (1João 4.4)

Por isso, é irracional que venhamos nutrir a mentira de que as universidades são cemitérios para a fé cristã, lugares onde cristãos estão vulneráveis para terem seus valores corrompidos pela imoralidade, ceticismo e influências culturais marxistas que imperam nos ¹*campi* universitários. Porque na perspectiva de Deus cada *campus* é um campo para semearmos e colhermos vida, locais estratégicos para formarmos cristãos avivados e com visão para reformar a sociedade. Assim como o Senhor encorajou o profeta Ezequiel a declarar a Sua palavra e o Seu Espírito sobre o vale de ossos secos, em Ezequiel 37, desejando trazer à vida um grande exército, o nosso Deus está encorajando a Igreja a declarar a verdade da Palavra e o poder do Espírito Santo sobre cada *campi* para trazer à vida um exército de avivalistas e reformadores.

À luz desse entendimento acerca do poder de influência das universidades sobre pessoas e nações, não é de se estranhar que venhamos a encontrar, ao longo da história, cristãos interessados em estar diretamente envolvidos com a fundação de grandes polos educacionais, como João Calvino, que investiu grande parte de seus esforços e recursos para a educação da população de Genebra e da Europa em geral. Desde 1541, encontramos registros da sua preocupação diária em como dar a Genebra uma universidade. Ele desejava criar

---

¹Campi: Termo é o plural do termo campus, geralmente usado para se referir a recintos universitários.

uma grande universidade para reformar a educação europeia e quebrar as barreiras entre a Igreja e a academia. Entretanto, por conta da escassez de recursos financeiros na época, ele se limitou a criar a Academia de Genebra, considera até hoje por historiadores da Universidade de Genebra como "a primeira fortaleza da liberdade nos tempos modernos". O currículo da Academia colocava a Teologia no mesmo patamar de relevância que as Ciências, uma vez que na visão de Calvino não havia conflito entre fé e ciência. Ao contrário da visão educacional medieval, a Academia considerava que o estudo da Ciência e da Natureza contribuía para aproximar Deus e o homem, ao provar o Criador da natureza por meio da Sua criação.

A famosa Universidade de Princeton, nos Estados Unidos, trata-se de mais um exemplo da influência cristã na fundação de grandes instituições acadêmicas. Fundada em 1746, como Colégio de Nova Jersey, pelo governador Jonathan Belcher, que era congregacional, a instituição atendia ao pedido de presbiterianos que queriam promover a educação juntamente com a religião reformada. Atualmente, Princeton é reconhecida como uma das mais prestigiadas universidades do mundo, sendo classificada como a melhor em muitas áreas, incluindo Matemática, Física e Astronomia, Economia, História e Filosofia.

A conhecida Universidade de Harvard, também localizada nos Estados Unidos, igualmente se encaixa nesse padrão. Fundada em 1643 por cristãos reformados, seis anos após sua chegada na baía de Massachussets, a Universidade tem sua declaração de missão e de propósito redigida da seguinte maneira: "Cada estudante deve ser simplesmente instruído e intensamente impelido a considerar corretamente que o propósito principal de sua vida e de seus estudos é conhecer a Deus e a Jesus Cristo, que é a vida eterna (João 17.3)".

A Universidade de Yale é outra prestigiada e tradicional instituição norte-americana que teve toda a sua fundação baseada em princípios cristãos. Fundada em 1640 por pastores reformados da recém-formada colônia, que buscavam preservar a tradição da educação cristã da Europa, Yale se tornou a universidade americana que mais formou presidentes nos Estados Unidos da América até os dias de hoje. Em seu alvará de funcionamento concedido em 1701 diz: "... que [nessa escola] os jovens sejam instruídos nas artes e nas ciências, e que através das bênçãos do Todo-Poderoso sejam capacitados para o serviço público, tanto na Igreja quanto no Estado".

A história torna evidente o interesse celestial de Deus e do homem por ver as universidades sendo edificadas, ocupadas e lideradas por pessoas que desejam de todo coração fazer dessas instituições de ensino verdadeiras embaixadas do Reino. E fundar universidades não é o único caminho para isso. Tudo pode começar com pequenos ajuntamentos no *campus* universitário.

Até hoje enxergamos os frutos das pequenas reuniões universitárias dos irmãos Wesley e George Whitefield na Universidade de Oxford, no Reino Unido. No ano de 1729, um grupo de estudantes cristãos liderados por John Wesley, passou a se reunir regularmente para oração, estudo bíblico e encorajamento mútuo. Este grupo ficou conhecido pelos colegas universitários como "Clube Santo" (*Holy Club*). Anos mais tarde, em 1739, no dia de Ano Novo, John, Charles Wesley, George Whitefield e mais quatro membros do Clube Santo tiveram uma experiência sobrenatural com o Espírito Santo que mudou suas vidas para sempre. Enquanto celebravam a Santa Ceia, o Espírito de Deus veio de forma inesperada sobre eles. Há relatos de que a atmosfera da presença de Deus na ocasião era tão forte que parte dos presentes gargalhavam e gritavam de alegria, enquanto outros caíam ao chão vencidos pelo poder da unção. Mais tarde, esse evento ficou conhecido como "Pentecostes Metodista".

A partir daquele dia, Wesley e Whitefield nunca mais foram os mesmos. O amor incondicional por Cristo e o desejo de cumprir a grande comissão tomaram os corações daqueles universitários, impulsionando ambos a pregar o evangelho para multidões de milhares ao ar livre com ousadia e respaldo do Espírito Santo. Com apenas 22 anos, Whitefield pregava para multidões, que aumentavam diariamente, chegando a formarem ajuntamentos de até 20 mil pessoas. Tamanha era a relevância da mensagem e a unção que carregava, que em toda parte o povo se reunia para ouvir suas mensagens e presenciar a manifestação do Espírito de Deus. Muitos assistiam suas pregações sentados em seus coches, outros em seus cavalos e alguns pendurados em árvores. Conhecido como o "príncipe dos pregadores ao ar livre", George foi o evangelista mais conhecido do século XVIII, pregando o evangelho durante 35 anos na Inglaterra e nos Estados Unidos. Seu estilo de pregação confrontava as tradições estabelecidas a respeito da pregação e abriu o caminho para a evangelização de massa. Seu trabalho também lançou o alicerce para a fundação de aproximadamente 50 faculdades e universidades americanas, incluindo a Universidade de Princeton e a da Pennsylvania. Crê-se que George Whitefield pregou mais de 18.000 sermões. Em paralelo a tudo isso, o ministério de evangelismo de Wesley também crescia proporcionalmente. Além de pregar o evangelho, John estabelecia o fundamento para a criação de "sociedades de avivamento" nos lugares onde ministrava. Estes grupos pequenos se reuniam para oração, encorajamento e estudo bíblico, assim como o Clube Santo. Seu estilo de pregação ao ar livre, sua mensagem de salvação pela fé e seu processo de discipulado para formar pregadores e líderes das sociedades levaram ao estabelecimento da Igreja Metodista. John Wesley era uma máquina de fazer discípulos. Ele cruzou a Inglaterra, viajando mais de 250.000 milhas a cavalo, pregando 40.000 sermões e escrevendo aproximadamente 250 livros e panfletos.

Grande parte do que Wesley e Whitefield viveram é fruto dos encontros universitários do Clube Santo, provando que grandes avivamentos e até igrejas podem surgir a partir de pequenos ajuntamentos nas universidades. Os frutos que contemplamos atestam que os universitários e os membros da academia têm tanta responsabilidade quanto o governo na determinação do futuro de nações. E foi com essa convicção em nossos corações e uma Palavra de Deus que, nós, através do Dunamis Movement, demos início ao Dunamis Pockets, um movimento de missões universitárias que busca criar pequenos grupos de avivamento dentro das universidades para transformar os estudantes, professores e os *campi* com a verdade da Palavra, o amor de Cristo e o poder explosivo do Espírito Santo (Dunamis).

Este é um livro que reúne histórias de pessoas comuns que se colocaram à disposição para serem usadas por Deus e fazerem parte desse que é um dos principais movimentos de missões universitárias da era pós-moderna no Brasil e no mundo. Muitos de nós não estávamos prontos para o que o Senhor nos convidava a fazer, porém um "SIM" fez com que fôssemos achados disponíveis para viver uma aventura que até hoje tem impactado centenas de milhares de vidas. É por essas e muitas histórias que podemos sonhar com uma era em que instituições acadêmicas do Brasil e do mundo estarão tão comprometidas com os valores do Reino que servirão como centros de treinamento para universitários se tornarem líderes e missionários na sociedade. Em nossos corações arde a inabalável convicção de que estamos próximos desses dias em que as universidades serão reconhecidas como lugares tão sagrados quanto igrejas, porque serão dentro desses polos educacionais que testemunharemos o início das maiores revoluções sociais, políticas, científicas, artísticas, educacionais, religiosas e econômicas da História. Alunos e professores buscando apaixonadamente a mente e o coração de Deus para conhecer os Seus sonhos e planos para a humanidade. Serão de dentro de salas de aula e auditórios que veremos surgir as respostas e estratégias definitivas para questões que só poderiam ser respondidas por um intelecto maior do que o nosso.

Cremos que não é por acaso que este livro tenha chegado em suas mãos. Ele é perigoso. Principalmente, para pessoas que sonham em marcar a História, transformar vidas e deixar um legado que glorificará a Deus, mesmo depois de sua morte. Este livro vai tirar você da zona de conforto e despertará o revolucionário que já existe dentro de você, aquela parte do seu ser que deseja virar este mundo de "ponta cabeça" para que a realidade dos Céus seja o fundamento do futuro que desejamos construir. Enquanto escrevemos estas palavras, nossos corações se enchem de alegria e esperança com a certeza de que ao terminar estas páginas, você não será apenas mais um leitor, mas um dos coautores da história do maior avivamento que o mundo já viu.

Erga os seus olhos e veja o *campus*, ele está pronto para a colheita!

César Bianco e Felippe Borges

CAP. 1

grandes colheitas nascem de pequenas sementes

FELIPPE BORGES

Eu não sei você, mas eu nunca me imaginei sendo usado por Deus para impactar vidas. Muito menos as de jovens universitários. Ao menos, não até que eu permitisse que Ele virasse a minha vida de ponta-cabeça.

Por ter crescido como um típico adolescente rebelde, que só queria se divertir causando problemas com os amigos, ir em festas e chamar atenção das pessoas, nunca fui muito achegado a Deus. Apesar de ter crescido na igreja, jamais consegui vincular Deus com alegria, diversão ou liberdade. Ao meu ver, Deus era bom, mas Ele e Sua Igreja eram chatos. Lembro-me que minha opinião só mudou um pouco no auge da minha rebeldia, quando fui arrastado para igreja pela minha mãe e, sem querer, participei de uma reunião de adolescentes em que o Espírito Santo me pegou de jeito. Aquele adolescente marrento e inseguro tinha tido um encontro com o poder de Deus, ao ponto de ficar chorando e babando descontroladamente em frente a quase estranhos. Naquele dia, eu descobri que Deus era real e até poderia ser divertido. Então, decidi entregar minha vida para Ele e ver no que aquilo daria.

Mas, apesar dessa experiência sobrenatural, aquela entrega e euforia não duraram muito tempo. No meio da minha crise pré-vestibular, não foi só a escolha da minha universidade que me deixou perdido. Amigos, garotas e uma falsa sensação de liberdade me empurraram para as drogas, bebidas e curtições, bem longe desse Deus que eu estava tentando conhecer. Mas a verdade é que eu me sentia distante e sujo. Uma sensação gigante de culpa apertava o meu peito e me fazia fugir dos amigos da igreja. Eu queria dar uma chance para mim e voltar para aquele Deus que tinha me encontrado, mas a vergonha e o medo de encarar a decepção das pessoas me convenciam de que nem valia a pena tentar.

Mas quando fugimos de Deus, Ele dá um jeito de nos encontrar. Sua vontade de nos alcançar sempre é maior do que a nossa vergonha. Quando Ele vem ao nosso encontro, ignorando os muros do pecado, passando por cima de traições e falhas, Sua voz se torna irresistível. E isso não foi ninguém que me contou. Ele mesmo decidiu me mostrar na prática. Sem me dar qualquer sinal, Ele veio até mim no meio de uma festa universitária, em um sítio afastado da cidade. Eu tremia e chorava. O mesmo sentimento do dia em que eu O tinha encontrado na reunião de adolescentes percorria o meu corpo. Mas aquilo não fazia sentido! "Eu não estou na igreja! Como é que Deus veio parar aqui em uma festa?", pensei. Aquilo não tinha lógica para mim. Deus é Santo. Ele não poderia estar em um lugar indecente como aquele, ainda mais para achar um cara que estava com a cabeça cheia de álcool, um carro carregado de drogas e uma menina pronta para se trancar comigo em um quarto. O Espírito Santo estava mexendo comigo internamente, e eu podia ouvir Sua voz dizendo: "O que você está fazendo aqui, Felippe? Volta para casa. Volta para mim!". Quando me dei conta, já estava correndo para fora do sítio, deixando para trás a menina que já havia caído na minha lábia. Queria fugir do Espírito Santo. Mas como fugir daquilo que está dentro de você? Entrei no carro e liguei o som bem alto para tentar abafar o que escutava dentro de mim, mas, estranhamente, a música dizia sem parar: *"COME BACK TO ME! COME BACK TO ME!"* (Volta para mim! Volta para mim!). E como aquilo parecia ecoar muito mais alto em meu coração do que nos alto-falantes! "VOLTA PARA MIM! VOLTA PARA MIM!". Dei partida no carro e segui sem rumo. Já não sabia mais onde estava. Parei em uma estrada escura. Lágrimas nos olhos, mato para todos os lados. Desesperadamente eu gritei: "Deus! Se você me tirar dessa, eu prometo que te sigo para sempre!". Nessa hora, um carro surgiu do meio do nada, parou do meu lado e abriu a janela para perguntar algo que eu já sabia: "Tá perdido, cara?".

Foi assim que eu realmente me converti. E, a partir daquele dia, o meu mundo começou a virar de cabeça para baixo, porque eu comecei a dizer "sim" para tudo que Deus colocava diante de mim. Até as coisas mais loucas e improváveis como "pioneirar" um movimento de missões universitárias dentro do meu *campus*.

Basta fechar os olhos e já consigo me lembrar, como se fosse ontem, o dia que em fui convidado para fazer parte de algo que, sendo bem sincero, eu não tinha a mínima noção do que viria a ser. Em fevereiro de 2008, logo após um tradicional culto de domingo na minha igreja local, meu querido amigo e líder espiritual Teófilo Hayashi, que havia acabado de voltar de um período de missões nas Filipinas com a [1]Jocum, reuniu um grupo de jovens para compartilhar um projeto que Deus tinha colocado em seu coração. Eu, juntamente com meu amigo André Tanaka e mais alguns jovens, estávamos com grandes expectativas para escutar acerca daquele projeto, pois já conhecíamos o Teófilo e sabíamos da sua paixão por ver o Reino de Deus invadindo a sociedade e transformando a cultura.

Ele disse: "Eu vou começar algo chamado Dunamis. Vai ser como um culto alternativo para universitários. Mas isso é só a ponta da lança". Ele começou a explicar que, durante o seu período de missões nas Filipinas, principalmente nos momentos em que fazia cultos evangelísticos ao ar livre no pátio de um dos *campi* universitário daquele país, Deus falava ao seu coração sobre um projeto para alcançar os líderes da próxima geração: os universitários e profissionais emergentes. Ele nos explicou a visão que tinha a respeito dos *campi* como os maiores campos missionários dos dias atuais e sobre como o Dunamis influenciaria a formação dos próximos líderes e

---

[1]Jovens Com Uma Missão (Jocum), do original Youth With A Mission (YWAM), é uma missão internacional e interdenominacional, empenhada na mobilização de jovens de todas as nações para a obra missionária.

profissionais da sociedade através do poder do Espírito Santo e da cultura do Reino de Deus dentro das universidades. Enquanto ele compartilhava sobre o sonho Dunamis entendermos que Deus escolhe pessoas e falava que o Senhor usaria os jovens que estavam naquela reunião para alcançar universitários ao redor do Brasil e das nações, começaram a surgir diversos questionamentos em minha mente: "O que eu estou fazendo nesta reunião? Quem sou eu para liderar jovens universitários e profissionais emergentes? Até 'ontem' eu que estava perdido em uma festa precisando de Deus". A conta não fechava. Alguns poucos meses antes de estar ali, eu tinha me reconciliado com o Pai e estava voltando a aprender a ter intimidade com Ele. Eu não esperava uma aceleração como aquela. Para mim, eu teria de provar que eu era confiável para merecer um convite desses. Eu não estava pronto, mas a bondade de Deus me mostrou que Ele só precisava de mim disponível e apaixonado por Jesus. O tempo perdido Ele conseguiria remir em um piscar de olhos.

 Eu tenho certeza de que, muitas vezes, para todos nós é difícil entendermos que Deus escolhe pessoas comuns e desqualificadas para feitos extraordinários. E isso acontece porque constantemente imaginamos Deus se comportando como homem. Alguém que só nos aceitaria se fôssemos impecáveis e perfeitos. Mas Deus não é homem. Ele é Deus e, por isso, não tem medo das nossas falhas, imperfeições e pecados. A Sua natureza celestial é capaz de pegar qualquer defeito e transformar em qualidade, qualquer maldição em bênção, qualquer vergonha do passado em autoridade para o futuro. Ele tem o costume de sempre escolher o recurso mais improvável para fazer algo completamente inimaginável que resulta em uma única e inevitável conclusão: "Só pode ter sido obra de Deus". Deus não precisa da nossa ajuda, porém Ele escolhe contar com ela porque tem prazer em construir algo conosco.

No decorrer daquela reunião, o Espírito Santo foi me dando clareza e paz em relação a todas a palavras que estavam sendo compartilhadas. Então, o Téo perguntou: "E aí, vocês estão dentro?". A resposta foi unânime e o sentimento era único. Todos nós dissemos: "Sim! Nós vamos mudar o mundo!". As funções foram definidas e todos estavam focados em iniciar esse grande movimento.

Naquela época, eu tinha acabado de ingressar na Universidade. Assim que recebi a notícia que tinha passado no vestibular, fiquei muito empolgado pela nova fase que estava por vir. Creio que nada é por acaso e Deus possui um propósito para tudo o que acontece em nossas vidas. Naquele momento, tinha para mim que aquilo tudo era o *kairós* (palavra de origem grega, que significa "momento certo ou oportuno") de Deus, a oportunidade perfeita de estabelecer o Reino dos Céus em minha Universidade. Uma das coisas que o Senhor começou a salientar em meu espírito era a oportunidade de estar presente dentro do *campus* bem no período de nascimento de um movimento focado no alcance de estudantes universitários. Isso fez com que eu parasse para questionar que tipo de testemunho eu queria dar como estudante. Se eu desejava influenciar os estudantes, eu tinha de me esforçar para ser não apenas um bom cristão, mas um bom universitário.

Por conta disso, desde o início das minhas aulas, tomei a decisão de levar a sério os próximos anos de formação acadêmica. Fazia parte da minha missão dar um bom testemunho. Meus últimos anos tinham me ensinado muitas coisas, principalmente o que não fazer para ter uma boa reputação. Sempre gostei muito de conversar com pessoas. Por ser alguém intenso, sempre foi difícil ficar sentado dentro de uma sala de aula e me concentrar. Sempre me questionava: "Quando irei usar isso no meu futuro?". Esse comportamento não contribuiu para que eu me dedicasse 100% no ensino fundamental, porém eu estava pronto para ser o melhor na faculdade. Não por conta de comparação ou insegurança, mas pensando em meu futuro. O fato de ter novamente um relacionamento saudável com Jesus e também estar rodeado de pessoas que carregavam excelência em tudo o que faziam, realmente me estimulou e me encorajou muito em meus dias acadêmicos.

 Após algumas semanas orando e meditando sobre tudo o que estava acontecendo na minha vida com a chegada do Dunamis e o chamado divino para todos os que estavam naquela sala, Deus foi muito claro comigo sobre o meu propósito dentro da minha Universidade. E por conta disso, fazia questão de que a minha oração fosse sempre em concordância com esse objetivo: "Deus, não quero desperdiçar quatro anos da minha vida entrando e saindo desta Universidade apenas para pegar um diploma e ter uma carreira promissora. Por favor, me use neste tempo para alcançar os meus colegas de sala e trazer avivamento para esta Universidade!". Lembro-me das inúmeras vezes que, durante os intervalos entre uma aula e outra, tomando o meu café, ficava olhando para aqueles estudantes correndo de um lado para o outro do *campus* e sonhava sobre como seria se uma revolução do amor de Jesus Cristo invadisse aquele lugar. Seriam cerca de 30 mil estudantes sendo expostos diária ou semanalmente Àquela mesma Presença que havia me transformado. Pela primeira vez, eu conseguia enxergar uma conexão entre Igreja e Universidade; entre Deus, diversão, alegria e liberdade.

Aquelas ideias entravam de forma profunda em meu coração e davam embalo para uma nova paixão. Eu estava ficando apaixonado pelo futuro daquilo que estávamos fazendo no *campus*. Não importava onde eu estava, não conseguia parar de pensar no futuro dos nossos encontros universitários. Foi então que, certa noite, logo após uma das reuniões de liderança do Dunamis, compartilhei com o Téo o desejo de ver a minha universidade queimando por Jesus. Ele olhou para mim e disse: "Demais! Então, vamos começar uma reunião semanal do Dunamis na sua universidade, e você lidera". Por aquela eu não esperava. Deus atendeu a minha oração mais rápido do que eu imaginava, e ainda me trouxe como parte da resposta. Eu não tinha a mínima ideia de como isso iria acontecer, mas o Téo, com sua cabeça visionária, já conseguia visualizar o que estava nascendo! Sentamos naquela noite e começamos a planejar os próximos dias.

A nossa estratégia se resumia em:

1. Eu me conectar com os cristãos da Universidade, aqueles que possuíam o mesmo desejo que eu tinha de estabelecer o Reino de Deus no *campus*.

2. Convidar para a reunião os amigos com os quais eu possuía algum tipo de influência ou que precisavam de um encontro com Deus.

3. Buscar o apoio da Universidade para o projeto. Para nós, ter o apoio da reitoria nos traria, de forma bem prática, autoridade no *campus* e no mundo espiritual para aquilo que estávamos fazendo. Além disso, teríamos a instituição nos ajudando com a estrutura e nos dando toda a retaguarda que precisássemos.

Enquanto planejávamos, íamos imaginando quantas vidas seriam impactadas por esse projeto missionário. Lembro-me de que voltei para a minha casa super inspirado, e não via a hora de ir para a Universidade colocar em prática tudo aquilo que tínhamos conversado naquela noite.

Todos os que desejam ver o Reino de Deus se expandindo aqui na Terra têm sonhos e fazem projetos. O meu alvo era a minha universidade, porém eu não tinha a mínima ideia por onde começar, com quem falar e, muito menos, o que pregar nas primeiras reuniões. E é justamente nesses momentos de vulnerabilidade que reconhecemos e entendemos a importância de uma cobertura espiritual em nossas vidas, seja um pastor, discipulador, líder, alguém que carrega autoridade e possui um histórico com Deus. Em 2005, tive o privilégio de me conectar com o Téo. Na época, ele morava fora do País, porém visitava o Brasil frequentemente. Durante uma das visitas, lembro-me que naquela noite decidimos sair para jantar com um grupo de pessoas. Ele fez questão de sentar perto de mim e conversar sobre diversos assuntos, principalmente sobre mim e o que ele enxergava de possibilidades para o meu futuro. Foi uma noite muito impactante para mim. Desde aquele dia, começamos uma amizade que persiste de forma inabalável até os dias de hoje.

Depois da conversa com o Téo, eu já tinha os passos práticos para me posicionar dentro do *campus* e começar um território físico e espiritual na minha universidade. E por isso, eu precisaria estar cheio do Espírito Santo para andar em poder e sabedoria. Um dos muitos aprendizados que adquiri com as reuniões de liderança Dunamis e discipulados que tinha com o Teófilo foi que precisamos nos preparar para a liderança, não devemos achar que só precisaremos investir em liderança quando as oportunidades chegarem. Quando a oportunidade vier, pode ser tarde demais para se preparar. Quando o momento de liderar chega, precisamos ter convicção de que fizemos o nosso melhor para estarmos prontos. Da mesma maneira que um atleta prepara sua mente e corpo para ter o melhor desempenho possível em uma competição, nós devemos preparar nosso corpo, alma e espírito para vivermos a plenitude do evangelho e suas promessas.

Assim como um atleta profissional possui um treinador que o acompanha durante seus treinos, alguém com quem pode ter conversas francas para aumentar o seu rendimento e conquistar a vitória, nós temos o Espírito Santo conosco. Em João 14.16, Jesus pede ao Pai para nos enviar um "outro consolador". A palavra "outro", usada por Jesus no grego *allos*, significa "outro do mesmo tipo", e a palavra "Consolador", do grego *Parákletos*, significa "chamado para o lado de alguém" ou "aquele que corre paralelamente". O Espírito Santo é a garantia de que nunca estaremos sozinhos em nossa busca diária por mais crescimento e preparo. Durante o meu processo de preparação, aprendi que o Espírito de Deus é como um treinador que corre ao nosso lado, sempre nos encorajando a ir mais longe. A direção de preparação que recebi do Espírito nessa fase foi muito clara: "Mortifique a sua carne através do jejum para que você esteja mais sensível à minha voz". Naquele momento, lembrei-me das palavras do rei Davi e disse: "Ok, Deus. Não oferecerei ao Senhor algo que não me custe nada. Farei um jejum de uma semana apenas tomando água". O jejum é um ato de consagração a Deus em que nos abstemos parcialmente ou totalmente de alimentos e líquidos com o objetivo de nos aprofundarmos em oração, na Palavra e em tempo de qualidade com Deus. O jejum é uma disciplina espiritual voluntária que traz benefícios físicos e espirituais, nos preparando para ouvir mais a mente e o coração de Deus do que a vontade da nossa carne. Naquele momento, eu necessitava de uma capacitação sobrenatural para o que estava prestes a acontecer. Mais do que ninguém, eu necessitava enfraquecer a minha carne e fortalecer o meu Espírito para que pudesse ficar mais sensível à voz de Deus e ao mover sobrenatural do Espírito Santo durante aqueles dias.

Infelizmente, as universidades ao redor do mundo carregam a fama de ser um local no qual muitos jovens seguidores de Jesus Cristo acabam se desviando por conta das inúmeras oportunidades para corromper os bons costumes e valores do Reino. Trote, festas, drogas, bebidas, más amizades, lascívia e a falsa sensação de liberdade podem e já desviaram muitos jovens dos propósitos do Senhor. São tantas coisas disputando a atenção dos universitários que, se quiséssemos ter voz naquele ambiente, teríamos de chegar com um argumento que despertasse a fome por espiritualidade que todo ser humano carrega e que fosse inquestionável, independentemente da fé das pessoas: o poder sobrenatural de Deus. Sabíamos que se chegássemos com poder, as pessoas parariam para olhar o que estava acontecendo e nos escutariam. A demonstração do poder de Deus por meio das curas, sinais e o mover profético despertaria a fome por espiritualidade que todo ser humano carrega. Elas veriam em nós algo novo e revolucionário, tudo que um jovem que deseja mudar o mundo busca experimentar.

Sendo bem honesto, não sou do tipo de evangélico que gosta de jejuar, na verdade gosto mesmo é de comer, porém obedeci e comecei o meu jejum. Os três primeiros dias são sempre, na minha opinião, o teste de nossa determinação e perseverança.

Nunca ore por nenhuma necessidade pessoal até o terceiro dia. Use esse tempo para demonstrar o quanto você O deseja. Arrependa-se do que o afasta d'Ele, adore-O, interceda por aquilo que Ele deseja e busque a Sua vontade na Palavra. Se você não focar o seu jejum em buscar a Deus, você só estará fazendo greve de fome esperando algo em troca. E o jejum não é uma troca. É uma prova de amor expressa em atos e orações sinceras.

O primeiro dia de jejum veio acompanhado de uma forte dor de cabeça e uma fome que me tentava a desistir, mas continuei firme. O segundo dia estava um pouco mais difícil, eu com a minha garrafa de água em mãos, orava constantemente no Espírito a fim de fortalecer o meu homem interior, assim como o apóstolo Paulo relata acerca do dom de línguas em 1 Coríntios 14.4: "O que fala em outra língua a si mesmo se edifica". No terceiro dia, estava a caminho da Universidade e já podia sentir o início de um romper sobrenatural. Minha confiança e sensibilidade quanto a presença de Deus estavam aumentando. Parecia que os Céus estavam mais próximos da Terra e que Deus podia trazer à existência qualquer coisa que eu declarasse. Eu me sentia mais alinhado com o Céu. Quando entrei na sala de aula, sentei na primeira fileira e, orando em línguas de forma silenciosa para não escandalizar os meus colegas de classe, comecei a clamar: "Espírito Santo, me usa de forma sobrenatural. Aquilo que eu leio na Sua palavra é verdade, e para os dias de hoje. Por favor, me use como usava os discípulos em Atos".

Enquanto eu orava, a professora entrou na sala e começou a se preparar para iniciar a matéria quando o Espírito

Santo falou comigo pela primeira vez em toda a minha vida através de uma palavra de conhecimento. A palavra de conhecimento é um dos dons do Espírito Santo descritos em 1 Coríntios 12.8-10 e é, também, chamada de palavra de ciência ou dom de revelação. Esse dom consiste em receber do Espírito Santo alguma informação relacionada ao passado ou presente de uma pessoa. Essa informação, na maior parte das vezes, é apenas do conhecimento da pessoa e de Deus. Esse dom se manifesta com o propósito de redimir ou transformar algo que não está em seu lugar certo, como doenças ou até situações mal resolvidas do passado que ainda carregamos, das quais Deus quer que estejamos livres. Um exemplo na Bíblia foi quando Jesus encontrou com a mulher samaritana e, em meio a uma conversa casual, começou a revelar informações sobre o passado dela a fim de restaurá-la e levantá-la como uma poderosa evangelista em sua cidade. Eu nunca havia passado pela experiência de entregar uma palavra de conhecimento. Por isso, logo no primeiro momento, achei que estava ficando louco por conta da fome que sentia. Fiquei pensando: "Acho que preciso comer algo, estou começando a imaginar coisas depois de três dias sem comer nada". Então tive a impressão de ter ouvido: "Levante e vá orar pela sua professora". Eu sabia que aquilo tinha sido o Espírito Santo dentro de mim, mas fingi que não era comigo. Então, mais uma vez Ele falou: "Levante e vá orar pela sua professora". Quando ouvi pela segunda vez, parei e pensei: "É por isso que eu tenho orado e jejuado. Eu orei e Deus respondeu. Agora é comigo". Desde o início do Dunamis, tínhamos o entendimento claro de que, sim, carregamos um evangelho inteligente, porém também poderoso. Assim como a Palavra descreve em Atos 4.33:

> Com grande poder, os apóstolos testemunhavam da morte e ressurreição do nosso Senhor Jesus Cristo.

Nós sempre defendemos que queríamos apresentar Jesus para as vidas através dos sinais e do poder sobrenatural do Espírito Santo. Por inúmeras vezes, saíamos para as ruas da cidade de São Paulo, entrávamos em supermercados, farmácias a fim de orar pelos enfermos e ver a Grande Comissão se cumprindo em nossas vidas. Por muitas vezes, quando voltávamos desses momentos de evangelismo, eu me alegrava com tudo o que Deus tinha feito através da vida dos meus amigos, porém ficava um pouco frustrado pensando quando chegaria a minha vez de ser usado por Deus. Ali, naquela sala, eu finalmente havia sentido que a minha hora chegara, e eu precisava lembrar que era o próprio Espírito Santo que estava comigo, o mesmo Espírito que estava com Jesus quando Ele ressuscitou dentre os mortos. Apesar disso, comecei a ser bombardeado por vários pensamentos contrários a essa verdade: "O que os meus amigos de sala vão pensar de mim se eu levantar e perguntar para a minha professora se ela precisa de oração?" ou "E se eu errar a palavra?". Lembro-me que, naquele momento, tomei a decisão de dar uma de Gideão e provar a Deus. "Se isso for de Deus, vou esperar e resolvo assim que a aula terminar". Logo na sequência ouvi pela terceira vez: "Levante e vá orar pela sua professora". Pensei: "Melhor obedecer do que sacrificar esse dom que Ele está me dando". Respirei fundo, levantei e fui direto falar com a professora antes de ela começar a aula.

— Oi professora, tudo bem? É o seguinte, meu nome é Felippe e sou um dos seus alunos. Antes de você iniciar a sua aula, preciso falar algo" —, disse forçando um sorriso para disfarçar a minha vergonha.

— Claro, pode falar —, ela respondeu educadamente.

— Sou amigo de Deus e Ele falou comigo —, disse.

—Ah que legal. Muito bom para você", ela me respondeu sem dar a mínima credibilidade ao que eu havia dito.

Entretanto, antes que eu pudesse ficar sem ter o que dizer, o Espírito Santo, de forma específica, falou ao meu coração: "Ore pelo irmão dela".

— Professora, Deus falou comigo e foi especificamente sobre o seu irmão. Eu poderia orar por ele? —, disse tentando ser o mais sensível possível em meio ao meu nervosismo.

Assim que pronunciei aquelas palavras, a professora deu um passo para trás e, com os olhos começando a lacrimejar, disse:

— Como você sabe do meu irmão!? —, perguntou.

— Na verdade eu não sei, professora. Você pode me contar o que está acontecendo com ele? —, respondi.

Em sequência, ela começou a contar que seu irmão estava internado na UTI por conta de um câncer contra o qual estava batalhando há alguns anos. Segundo o diagnóstico dos médicos, ele estava em seus últimos dias de vida. Logo após ouvir todos os detalhes da história, o Espírito Santo me encheu de ousadia e compaixão para falar a ela que se Deus havia me mostrado aquilo e me feito ir até ela antes de a aula começar, era porque ela e sua família eram uma prioridade para Deus. Uma prioridade maior do que a aula. Disse que Ele queria revelar o amor d'Ele e curar o irmão dela. Então, com bastante sensibilidade, perguntei: "Posso orar por ele?". E ela disse com lágrimas nos olhos: "Claro!". Naquele momento coloquei a minha mão em seu ombro, olhei para os meus colegas de sala e todos estavam me olhando e de maneira bem rápida fiz uma oração simples: "Jesus, cure o irmão da minha professora, em Teu nome eu oro. Amém". Voltei correndo para o meu lugar, cheio de vergonha e com todos os meus colegas me olhando e tentando entender o que estava acontecendo. A professora enxugou as lágrimas e começou a dar aula. Durante toda aula, eu estava impactado. Fui usado por Deus através de uma palavra de conhecimento. Foi desafiador, tive de sair da minha zona de conforto e confrontar muitos medos, principalmente o da opinião dos meus colegas de sala. Porém, o senso de satisfação por ter obedecido a voz do Espírito Santo e ter sido usado por Deus foi incrível. Lembro-me de que naquela noite compartilhei essa experiência com a liderança Dunamis e todos celebraram a minha ousadia de ter me levantado em meio aos meus colegas de classe e orado com a minha professora.

No dia seguinte, em meu quarto dia de jejum, a minha primeira aula era com a mesma professora. Estava sentado na primeira fileira, orando em línguas para continuar focado naquilo que havia me comprometido a fazer, quando, de repente, a professora entrou na sala de aula e veio em minha direção, perguntando:

— Quem é você!?

— Professora, sou o Felippe, o amigo de Deus. Lembra de ontem, quando oramos juntos? —, respondi um pouco assustado.

— Ontem, logo após a aula terminar, o meu telefone tocou e era o médico do meu irmão dizendo que ele poderia sair da UTI por conta do quadro de melhora que ele apresentou. Quem é você? —, disse me encarando.

Eu estava chocado. Achei que estava alucinando, mas entendi que era realmente a minha professora, de certa forma, testemunhando na frente de todos os meus colegas de sala que Deus era e é real. Ele usa seus filhos e cura vidas. Naquele momento, o Senhor falou comigo: "Você pediu e eu vou te usar na sua universidade. Eu fiz deste testemunho, um testemunho público para que todos vejam o que vou começar a fazer neste *campus* através da sua vida.".

Terminada a aula naquele dia, meus amigos de sala começaram a me perguntar diversas questões sobre Deus, cura e, também, pedir oração. Um pediu uma "reza" pela mãe que estava com problemas sérios na coluna. Outro pediu para que eu liberasse essa tal de energia sobre sua vida, pois estava com muita dor de cabeça. Pouco tempo depois, os meus colegas faziam fila pedindo para que eu orasse e pedisse para Deus ajudá-los durante as provas, pois não queriam pegar DP. De repente, eu me tornei o "cara da oração" para os meus colegas de sala. Até mesmo pessoas de outras salas começaram a me abordar nos corredores pedindo oração por suas vidas e familiares. Algumas pessoas zombavam daquela reputação recém-adquirida, chamando-me de Jesus. Mal sabiam eles que Jesus era quem eu queria representar e apresentar a eles naquele *campus*: o nosso Senhor Jesus Cristo.

Após o período de jejum, que me deixou muito mais consciente da voz e da presença de Deus, senti que era o momento de ir à coordenação da minha universidade para pedir uma sala, como o Téo havia me direcionado. Já estava na hora do Reino de Deus adquirir uma embaixada em um *campus* universitário no centro de São Paulo. No dia seguinte, ao chegar na Universidade Presbiteriana Mackenzie, onde eu estudava, fui direto para a coordenação solicitar uma sala. Uma das primeiras coisas que eles perguntaram foi o motivo da solicitação. E eu compartilhei o nosso sonho, o sonho Dunamis . Naquele dia, o coordenador olhou em meus olhos e disse: "Eu creio que isso é resposta de oração. Esse é o curso que gera mais problemas de comportamento aqui na Universidade, acho que isso vai nos ajudar a manter a paz em nosso prédio. Sendo assim, você pode usar a sala 367". Liguei eufórico para o Teófilo e disse: "CONSEGUIMOS UMA SALA PARA COMEÇAR NOSSAS REUNIÕES!". Juntos glorificamos a Deus.

Após a conquista da sala, precisávamos de um nome. E depois de pensarmos muito, chegamos em um consenso e decidimos pelo mais óbvio: UNIVERSITÁRIOS DUNAMIS. Não tinha nome melhor do que esse para uma reunião do Dunamis em uma universidade. Pedi para o pessoal da mídia criar um cartaz e comecei a divulgar o nosso primeiro encontro. Espalhei para todo mundo, meus colegas de sala, as pessoas nos corredores, cafeteria e diretórios acadêmicos, a novidade de que em breve começaríamos uma reunião semanal para orarmos e compartilharmos a Palavra de Deus. Foi incrível como Deus começou a me conectar com as pessoas certas e pude entender que Ele não estava apenas me dando uma sala para usar, mas amigos que iriam me ajudar a liderar essas reuniões semanais, pessoas que acreditavam no sonho de ver o Reino de Deus ocupando os *campi* universitários.

Decidi convidar alguns desses novos amigos para fazerem parte do que seria a liderança do Universitários Dunamis, um total de oito pessoas, entre elas, pentecostais, presbiterianos, batistas e até mesmo um católico. Todos estávamos juntos para ver nossa Universidade em chamas por Jesus. Marquei uma reunião com todos e convidei o Téo para compartilhar uma palavra de encorajamento. Não havia ninguém melhor do que ele para nos passar a visão de como o Universitários Dunamis iria funcionar. Foi uma reunião incrível e muito encorajadora. Estávamos convictos de que aquilo que estava sendo gerado era de Deus, era genuíno e transformaria vidas.

No dia do grande lançamento, todos da liderança chegaram um pouco mais cedo, organizamos a sala e estávamos prontos para receber todo mundo que estivesse em busca de Deus ou de espiritualidade dentro de um *campus* universitário. Não importava no que a pessoa acreditava, todos eram bem-vindos em nosso encontro, porque sabíamos que, no fundo, toda busca por espiritualidade é, na verdade, uma manifestação do desejo da nossa alma de encontrar o Criador, Deus. A primeira reunião oficial foi um sucesso! Tivemos a participação de 30 pessoas. Vidas foram impactadas pela palavra que compartilhamos, pessoas curadas fisicamente, e tivemos três jovens que aceitaram a Jesus. Na semana seguinte, recebemos 42 pessoas e, de forma sobrenatural, Deus ia acrescentando vidas todas as semanas, até chegarmos no fim do semestre com a sala lotada com mais de 70 pessoas. Para nós, aquilo era como se fosse um "bolso costurado" na universidade para reunir e cultivar sementes de avivamento no *campus*.

Entretanto, com a troca de semestre, férias e mudanças de períodos, os números já não eram mais os mesmos. A quantidade de pessoas diminuía a cada encontro. Com o passar das semanas, até mesmo a liderança tinha diminuído para um total de apenas três pessoas.

Havia semanas em que juntávamos as cadeiras, preparávamos tudo, mas na hora da reunião ninguém aparecia. Lembro-me de uma quarta-feira chuvosa em que no meu curso especificamente não haveria aula, porém era dia de Universitários Dunamis. Pensei comigo: "Acho que vou cancelar nosso encontro, provavelmente não teremos ninguém. Nem eu quero ir hoje". Apesar disso, não me sentia em paz ao pensar nos estudantes de outros cursos que foram avisados sobre a reunião e que, talvez, poderiam participar naquele dia. Peguei meu carro e dirigi por uma hora até à Universidade. Estacionei e saí correndo direto para a sala onde nos reuníamos. Organizei as cadeiras e comecei a revisar a palavra que iria pregar naquela tarde. Deu o horário do início do nosso encontro e ninguém apareceu. Estava lá, sozinho olhando para as cadeiras questionando se Deus ainda estava conosco.

Realmente nos frustramos quando julgamos aquilo que é espiritual com a ótica natural. Uma sala preparada para uma reunião de Universitários Dunamis totalmente vazia era um sinal claro de fracasso para mim. Mas, dentro daquela sala vazia, o Pai começou a falar comigo. Uma das maiores lições que aprendi naquele dia foi em relação à fé para enxergar além daquilo que os meus olhos naturais poderiam ver. A palavra de Deus é muito clara sobre a fé ser a certeza das coisas que não vemos. A fé vem por ouvir a Palavra de Deus. Na Bíblia, o verbo "ouvir" é traduzido da palavra hebraica *Shema*, que significa não só ouvir, mas agir de acordo com o que nos foi dito. Para Deus e para o povo hebreu, era impossível desvincular o ato de "ouvir" de "obedecer". Frequentemente estamos muito próximos do romper do Espírito, mas infelizmente, pela falta de fé, convicção naquilo que Ele nos pediu para fazer, acabamos desistindo.

Diante daquela situação, Deus me fez lembrar da vida de Nóe. Quando meditamos na história desse homem de Deus, conseguimos entender porque ele está na lista dos heróis da fé.

Noé é exemplo prático de que, para cumprir com a palavra que recebemos de Deus, não podemos crer na promessa apenas no dia em que a recebemos, mas devemos acreditar nela e trabalhar por ela todos os dias. Quando Noé recebeu a promessa de que Deus, através de uma arca, iria salvar sua família e fazer uma aliança com eles, ele não ficou esperando que a promessa se cumprisse sozinha. Ele não esperou Deus fazer surgir uma arca do nada ou que os recursos para a construção chegassem prontos em suas mãos. Ele recebeu aquela palavra como uma semente e, diariamente, pagou o preço de cultivá-la com trabalho e fé, todos os dias. Mesmo sem receber qualquer sinal de dilúvio, ele preparou a si mesmo, sua família e a arca que Deus pediu durante muitos anos, escolhendo permanecer e confiar nas palavras de Deus. Quando o tempo de ser usado por Deus para garantir o futuro da sua descendência e da humanidade chegou, ele já estava pronto e com a mente totalmente transformada pelo processo para não ser futuramente corrompido pelo cumprimento da promessa. Tenho certeza de que ele deve ter passado por inúmeros momentos de frustração e questionamento devido à ansiedade e ao medo de ter crido em uma mentira. Mas também acredito que foi durante esse processo que Noé desenvolveu uma fé inabalável enquanto confrontava as mentiras e a insegurança com a Palavra de fé. Assim como Nóe, eu tinha uma palavra, mas não conseguia ver os sinais de que ela estava se cumprindo enquanto eu trabalhava. Naquele momento de extrema frustração, eu sabia que tinha apenas duas opções: 1) reclamar sobre algo que na verdade Deus tinha me dado o privilégio e a honra de começar em minha universidade com Ele;

2) ser fiel e me colocar sob a poderosa mão de Deus, para que Ele nos exaltasse no tempo certo, como está escrito em 1 Pedro 5.6.

Muitas vezes, Deus permite momentos de inverno em nossas vidas para nos forjar e nos preparar para as próximas estações, principalmente para grandes colheitas. Durante o meu segundo semestre, fui esticado em minha fé, e Deus me ensinou muito sobre perseverança. Ele me fez entender que não podemos julgar aquilo que é espiritual com os nossos olhos carnais. Muitas vezes, pensamos que nada está acontecendo, mas o nosso Deus trabalha 24 horas por dia, sete dias por semana em nosso favor. Terminamos o semestre com uma frequência de três pessoas por semana em nossas reuniões, entretanto eu terminei grato porque sabia que Deus já poderia fazer algo incrível com o que tínhamos. Afinal, Ele criou o Universo com apenas três pessoas. Então, tudo era possível.

Numericamente, as nossas reuniões haviam diminuído, apesar disso o sentimento era de que o romper de algo novo estava mais próximo do que nunca. Começamos o terceiro semestre a todo vapor, orando e jejuando pelo nosso *campus*. Desafiei alguns dos meus amigos a fazermos "Caça ao Tesouro". "Caça ao Tesouro" é um evangelismo profético em que Deus nos revela pistas para encontrarmos os seus maiores tesouros: pessoas. O Espírito Santo nos revela características relacionadas à aparência e ao comportamento dessas pessoas para que possamos abordá-las e orar por elas. É um tipo de evangelismo que promove muitas experiências com o amor de Deus através de sinais e maravilhas, curas, palavras de conhecimento, palavras proféticas e conversões no ato. O desafio foi um sucesso. Encontramos cada uma das pessoas que Deus nos revelou através de visões sobre como eram as roupas, os cabelos, as cores de pele e o que estavam levando consigo. Cada oração nos tirava da zona de conforto e nos mostrava que o foco de todo aquele mover sobrenatural era um só: mostrar que Deus se importava com aquelas pessoas, ao ponto de fazer o natural e o sobrenatural para encontrá-las. Depois daquele dia, o Espírito Santo voltou a soprar de forma sobrenatural e uma das coisas que Ele me revelou foi: "O deserto que vocês passaram foi para entenderem o quanto necessitam do Meu poder. Eu não chamei vocês para organizar uma simples reunião, e sim para serem uma embaixada dos Céus dentro da Universidade."

Entendemos que no semestre passado estávamos focando muito nas reuniões, principalmente na questão quantitativa e pouco no mover do Espírito Santo. Quando compreendemos de uma vez por todas que deveríamos pregar uma teologia sã acompanhada de demonstrações palpáveis do poder em todas as nossas reuniões, o Espírito Santo voltou a soprar mais uma vez, e dessa vez foi sustentável. Entendemos que o Universitários Dunamis eram reuniões semanais de jovens que encontrariam um evangelho tangível sendo pregado, acompanhado de sinais, maravilhas e poder explosivo do Espírito Santo.

Em 2009, no terceiro semestre de Universitários Dunamis, um novo romper sobrenatural aconteceu. Nossos encontros voltaram a crescer numericamente, vidas foram salvas, libertas e chegamos no ponto de estarmos com um "bom problema". A sala 367 começou a ficar pequena, precisávamos de um espaço maior. Quando fui compartilhar esse novo desafio com a coordenação, eles nos ofereceram a capela da Universidade, localizada bem no meio do *campus*. Aquilo foi como um sinal que o Senhor nos entregou dizendo: "Vocês foram chamados para alcançar os futuros líderes da sociedade, não meramente líderes de uma esfera ou estudantes de apenas um curso, porém Eu estou lhes dando visibilidade para alcançarem os futuros advogados, administradores, arquitetos... todos os estudantes desta Universidade".

Depois de um ano, crescemos de forma significativa, passamos de uma reunião semanal alcançando uma média de 60 alunos por semana para dois encontros semanais, impactando uma média de 150 a 200 universitários. Com o movimento Dunamis crescendo paralelamente, nossas reuniões começaram a crescer sem parar, a tal ponto que a capela passou a ficar pequena por conta do número de pessoas que o Senhor estava acrescentando. Na época, o Téo me desafiou na fé e disse: "Por que, então, não utilizamos o auditório principal da Universidade?". Mesmo duvidando muito da possibilidade, aceitei o desafio e fui falar com a coordenação da Universidade sobre esta proposta. Para minha surpresa, a resposta da coordenação foi um unânime: "SIM"! Compartilhei com a liderança naquela noite e, juntos, glorificamos mais uma vez a bondade e a fidelidade de Deus.

Com pouco mais de dois anos de encontros semanais em minha universidade, tivemos a graça e o favor de Deus de organizar um culto de avivamento com mais de 1.500 estudantes dentro do auditório principal da Universidade. Foi uma noite marcante para todos os presentes, mas, principalmente, para mim. Ali, Deus falou: "Você pediu e eu estou lhe dando a sua Universidade". Depois daquele dia, tivemos mais oportunidades de organizar cultos de avivamento no auditório principal e até mesmo a Conferência Dunamis, que impactaram milhares de jovens universitários de todo o Brasil.

Creio que o Senhor estava despertando em mim, desde aquela festa no sítio, um desejo de ver jovens rendidos aos pés da Cruz. Ele, em Sua bondade e graça, me capacitou a começar algo que eu não era capaz de começar. Hoje, 10 anos depois que tudo começou, posso voltar na sala 367 e na capela da Universidade Presbiteriana Mackenzie e ver que a mesma reunião que comecei ainda continua. E tudo isso não tem a ver com as minhas habilidades, e sim com Sua misericórdia e graça. Glorifico a Deus por cada jovem que estava lá desde o início, por todos os líderes e ex-líderes que estiveram à frente das reuniões do Mackenzie. Sou grato a Deus pelos coordenadores e, principalmente, por aqueles que trabalharam na Capelania Mackenzie durante o nosso início despretensioso, aqueles que nos deram todo o suporte e nos apoiam até hoje. Uma reunião semanal que por um período alcançava apenas três pessoas, hoje, serve de modelo para muitos movimentos missionários dentro das universidades na nação brasileira e mundo afora. Posso dizer que minha Universidade está hoje vivendo um avivamento, pois homens e mulheres de Deus se levantaram para fazer a diferença.

Durante os meus últimos anos na Universidade, orava para que Deus parasse o sol todos os dias, assim como fez com Josué, só para poder ter tempo de cumprir com tudo que Ele havia me confiado: terminar a universidade, trabalhar com excelência no estágio, liderar as reuniões do Universitários Dunamis, servir como líder de jovens na minha igreja e também fazer parte da liderança do Dunamis. Não sei se você já se sentiu assim na vida, mas para mim parecia que 24 horas era muito pouco tempo para fazer tudo o que precisava ser feito no dia. Até aquele momento, nunca tinha tido tantas responsabilidades. Mas, ao mesmo tempo, nunca tinha experimentado tanto crescimento emocional e espiritual. Aprendi sobre a importância de ser autorresponsável para não terceirizar a minha responsabilidade de buscar a voz de Deus, estar cheio do Espírito Santo e em dia com meus compromissos. Aprendi que a disciplina para gerir o meu tempo e foco me levava a liberdade.

Em todo esse processo de aprendizado, Deus estava expandindo a minha visão sobre o que eu era capaz de fazer junto com Ele, colocando-me em uma rotina em que a dependência n'Ele e o amadurecimento da minha fé eram inevitáveis. Quando olho para trás, posso ver como Deus sempre esteve presente nessa fase. Enquanto eu era fiel com aquilo que Ele havia me confiado, o Senhor era fiel com aquilo que eu confiava em Suas mãos. Eu, literalmente, estava vivendo a palavra de Mateus 6.31-33:

> Não andeis, pois, inquietos, dizendo: Que comeremos, ou que beberemos, ou com que nos vestiremos? Porque todas estas coisas os gentios procuram. Decerto vosso Pai celestial bem sabe que necessitais de todas estas coisas; Mas, buscai primeiro o reino de Deus, e a sua justiça, e todas estas coisas vos serão acrescentadas.

Quando estamos alinhados com a boa, perfeita e agradável vontade de Deus, uma das coisas que podemos ter certeza é que dentro do propósito existe provisão. Deus nunca vai nos enviar para uma missão sem os recursos para cumprir o que Ele nos pediu. Sejam finanças, pessoas, conexões, talentos, energia, saúde, potencial, autoridade ou favor. Eu sei que o Senhor me semeou dentro do *campus* universitário sabendo que toda a provisão que eu precisava já estava comigo, da mesma forma que um agricultor semeia suas sementes no campo com a certeza que dentro delas há todos os nutrientes necessários para fazê-las crescer e frutificar.

Muitas vezes, minha mente foi bombardeada por mentiras que tentavam me fazer acreditar que eu não carregava o que era preciso ou que Deus havia me deixado de lado. Porém, a Palavra de Deus diz que a Sua alegria é a nossa força. Todas as vezes em que testemunhava sobre pessoas, amigos e familiares sendo impactados e se sentindo amados por Ele e por meio daquele estilo de vida que havia me proposto a viver, era como se eu recebesse uma injeção de ânimo, amor e adrenalina! Aquilo era como uma confirmação de que todo o meu esforço não era em vão, como Paulo diz em 1 Coríntios 15.58:

> ... sede firmes e constantes, sempre abundantes na obra do Senhor, sabendo que o vosso trabalho não é vão no Senhor.

Em meu coração, eu sabia que Deus estava alegre com o meu sacrifício, porque estava dedicando a minha vida para servir ao próximo como Jesus nos ensinou.

> E ele, assentando-se, chamou os doze, e disse-lhes: Se alguém quiser ser o primeiro, será o derradeiro de todos e o servo de todos. (Marcos 9.35)

> Porque o Filho do homem também não veio para ser servido, mas para servir e dar a sua vida em resgate de muitos. (Marcos 10.45)

Pela graça de Deus, em relação à minha jornada, posso fazer minhas as palavras do apóstolo Paulo, em 2 Timóteo 4:

> Combati o bom combate, acabei a carreira, guardei a fé.

Sendo bem sincero, achei que nunca ia acabar esses anos de dormir pouco, correr de um lado para o outro sempre preocupado com entrega de trabalhos, provas. Porém, consegui alcançar a linha de chegada do período de formação acadêmica e concluir a minha formação com uma nota máxima no meu trabalho de conclusão de curso (TCC).

Logo após completar a minha graduação, tomei a decisão de focar em minha carreira profissional. Até então, eu já tinha estagiado em duas grandes empresas e pude ver o meu crescimento não apenas profissional, mas pessoal. O mercado de trabalho me ensinou princípios e valores que carrego até hoje em minha vida. Ao ver o benefício que o meu último estágio estava trazendo, dediquei-me ainda mais e, pela graça de Deus, consegui a tão desejada efetivação, algo que muitos universitários buscam ao terminar a graduação. O segredo que deixo para aqueles que hoje buscam uma vaga no mercado de trabalho, especialmente após concluir a formação acadêmica, é: seja excelente com tudo aquilo que passar pelas suas mãos, e tudo o que fizer, faça como se fosse para o Senhor.

O convite de efetivação em uma grande multinacional veio como um presente de Deus e, ao mesmo tempo, um sinal para uma nova fase em minha vida e no Universitários Dunamis. Depois de quatro anos, vendo o que o Senhor estava fazendo no Mackenzie, era hora de eu viver na prática outra parte da mensagem que pregamos: levar o Reino de Deus do *campus* para as esferas de influência da sociedade. No meu caso, a esfera da publicidade e propaganda. Antes de aceitar o convite, conversei com o Téo e ele me confirmou que também sentia que aquilo era um sinal de mudança para o que estávamos fazendo nas universidades. Ele sentia que Deus estava nos convidando a expandirmos nossas reuniões para outras universidades, multiplicar o talento que estava em nossas mãos criando pequenos grupos em outros *campi*, pequenos "bolsos de avivamento" dentro das universidades. Esses bolsos seriam chamados de Dunamis Pockets.

O meu coração começava a queimar só de imaginar o que aconteceria dali para frente. Por ter a convicção de que o meu chamado era estar no ministério de tempo integral, minha vontade era de dizer "não" para o novo emprego e me colocar à disposição para liderar os Pockets. Mas, no fundo, eu sabia que aquilo era a voz da minha alma, e não a voz de Deus. Assim como os filhos de Issacar, que durante o reinado de Davi eram reconhecidos como valiosos aliados devido ao seu dom de discernir o tempo certo das coisas, precisamos buscar compreender os tempos e estações para tomar decisões sábias. E, naquele momento, entendi que trabalhar para uma grande empresa iria me forjar ainda mais para o futuro que Ele tinha para mim. Essa decisão não foi das mais fáceis, mas se existe uma voz que podemos confiar quando se trata do nosso futuro, essa voz é a voz de Deus. Ele é o único que é onipresente, o que significa que Ele é o único que está presente agora no nosso ontem, hoje e amanhã. Ele tem a visão do todo e, por isso, é digno de confiança. Se nós O amamos e obedecemos a Sua voz, todas as coisas passam a cooperar para o nosso futuro.

No período em que estive focado em minha carreira, as reuniões dentro da minha universidade continuaram a crescer e os testemunhos só aumentavam. Mesmo de longe, eu podia ver que aquilo que Deus havia semeado no meu *campus*, através da minha vida e de outros jovens que disseram "sim" para Ele, estava dando mais e mais frutos. A colheita de almas que eu sempre pedi para fazer parte estava crescendo diante dos meus olhos e eu havia tido o privilégio de ser uma das sementes que deram origem a ela.

Eu creio que neste exato momento, enquanto você lê este livro, o Espírito Santo está lhe dando uma nova porção de fome, fé e ousadia para crer que, ao lado d'Ele, você pode contribuir para o maior mover de missões universitárias da história. Se o seu coração está queimando enquanto lê estas palavras, é um sinal de que você foi chamado para ser uma luz de esperança dentro do seu *campus*. O Senhor está convidando você a sonhar com

Ele. E, à primeira vista, esse sonho pode parecer grande demais, porém grandes colheitas nascem de pequenas sementes. Existe um convite da parte do nosso Deus para sermos como sementes, que morrem para si mesmas para dar muito fruto e gerar vida.

> Digo-lhes verdadeiramente que, se o grão de trigo não cair na terra e não morrer, continuará ele só. Mas se morrer, dará muito fruto. Aquele que ama a sua vida, a perderá; ao passo que aquele que odeia a sua vida neste mundo, a conservará para a vida eterna. (João 12.24-25 - NVI)

Por causa do sacrifício de uma só semente, Jesus Cristo, temos a vida eterna e o poder para gerar vida onde quer que formos semeados. Não importa o quão contaminado ou estéril seja o solo no qual estamos, nós carregamos em nós todo o poder e provisão para restaurar tudo à nossa volta. Por isso, nada pode nos parar, a não ser nós mesmos e a visão que temos a nosso respeito.

Talvez hoje, assim como eu no começo da minha vida universitária, você esteja se enxergando como uma semente que não vai dar em nada. Mas eu digo uma coisa a você: se olharmos para uma semente com olhos humanos, não veremos nada além de uma sementinha. Entretanto, se olharmos para ela com os olhos da fé, veremos que existem incontáveis frutos dentro dela. É com esse olhar que o nosso Pai Celestial nos vê quando nos chama. Ele não nos enxerga como estamos hoje, mas como tudo que podemos ser ao lado d'Ele. Quando Deus olha para mim e para você, Ele não enxerga apenas uma vida, mas todas as vidas que somos capazes de alcançar e transformar, todos os universitários, amigos, professores e familiares que um dia levaremos até Ele. E é por isso que podemos confiar no convite que Ele nos faz, por mais louco que pareça. O Senhor confia em nós e em tudo que colocou dentro de nós. A maior onda de conversões dentro das universidades pode nascer de uma pessoa comum, como eu e você, assim como uma grande colheita pode nascer de uma única semente. Por isso, alegre--se! Você foi chamado para um tempo como este! O maior campo missionário da pós-modernidade, a sua universidade, está diante de você esperando a sua resposta para uma única pergunta: você está disposto a morrer para si mesmo para dar origem a maior colheita de almas que o mundo já viu em um *campus*?

CAP. 2

expandindo sonhos

CÉSAR BIANCO

Meu nome é Cesar Bianco e eu sou um homem que aceitou sonhar com Deus. Dizer "sim" para Deus e seus sonhos talvez seja a decisão mais ousada que podemos tomar em toda a nossa vida. Porque um "sim" para Deus pode significar um "não" para tudo que um dia imaginamos para o futuro. Não porque Ele desconsidera ou menospreza os planos que um dia fizemos, mas porque os Seus planos são sempre infinitamente maiores do que tudo o que pedimos ou pensamos. Os sonhos de Deus não são diluídos pelos filtros que muitas vezes colocamos na hora de sonhar, tais como: nossa história (presente e passado), o tamanho da nossa conta bancária, nossa idade, formação acadêmica e a quantidade de oportunidades que temos. Seus sonhos não têm limite de tamanho por que Deus é infinito. Quando estamos diante deles, somos confrontados sobre a visão que temos a respeito de nós mesmos. Eles nos mostram que um sonho só é grande de verdade quando tem espaço para que Deus e outras pessoas caibam dentro dele. Quando disse "sim" para expandir o trabalho do Universitários Dunamis e fundar o Dunamis Pockets, mal sabia eu, mas estava permitindo com que todo o meu futuro, a partir daquele momento, fosse radicalmente transformado para algo muito mais incrível, emocionante e revolucionário.

Nem sempre estive envolvido com as coisas de Deus ou com o Seu trabalho. E isso só torna essa história ainda mais louca. Hoje, consigo ver que todas as coisas que achei que me desqualificariam para servir a Deus, na verdade, contribuíram para que a minha história se tornasse um testemunho do poder redentor da cruz na minha vida e família.

A Bíblia carrega verdades de capa a capa, mas sempre temos aqueles versículos especiais para nós que parecem ser mais verdadeiros do que qualquer outros. Para mim, um desses versos que transbordam verdade aos meus olhos é Romanos 8.28, que diz:

> ...todas as coisas contribuem juntamente para o bem daqueles que amam a Deus, daqueles que são chamados segundo o seu propósito.

Esse foi o primeiro texto bíblico que decorei e ele me marca até hoje, porque toda a vez que o leio parece que viajo no tempo e ganho mais revelação da graça de Deus, meditando sobre tudo que passamos juntos. Hoje, com um olhar mais maduro, consigo compreender melhor o que essa passagem quer dizer. Entendo que tudo o que já passei em minha vida, seja algo negativo ou positivo, isso tudo, nas mãos de Deus, pode se tornar algo lindo, algo maravilhoso que vai acrescentar experiência ao meu destino final. Sem essa compreensão, ficamos limitados às nossas emoções e sentimentos, portanto sempre peço para Deus me dar uma nova perspectiva de como aplicar Romanos 8.28 em minha vida constantemente, mesmo depois de anos de caminhada ao Seu lado. Não importa o tempo que você já O conhece, Ele sempre tem algo novo para nos mostrar todo tempo e em todas as circunstâncias.

Na prática, Romanos 8.28 se aplica em minha vida desde o meu nascimento, criação, adolescência e juventude. Não nasci em uma família cristã que me ensinou sobre Jesus. Em outras palavras, não cresci indo para a escola bíblica dominical. Muito pelo contrário, seguíamos outras religiões e éramos muito devotos. Aos meus olhos, Jesus não era diferente de um filósofo ou personagem histórico distante. Era apenas alguém que conhecemos nos filmes durante a Páscoa e Natal. Porém, sempre existe um momento de virada em nossas vidas, onde as coisas começam a mudar e seguir um rumo diferente. No meu caso, isso começou aos 23 anos quando entreguei minha vida para Jesus. Na época, eu estava um tanto quanto perdido na vida, vivendo sem um propósito bem definido, sobrevivendo um dia após o outro. Foi, então, que eu e minha esposa tomamos a decisão juntos de seguirmos a Cristo, após um culto que fomos convidados a assistir em janeiro de 2010. De lá para cá, temos vivido intensamente a vida cristã, nos dedicando cada vez mais ao Reino de Deus. Depois daquele domingo cheio de emoções, nunca mais deixamos de ir para a igreja. Hoje, eu sirvo ao Senhor como pastor nessa mesma igreja. Mas nem, em meus sonhos mais bizarros, imaginaria que um dia cuidaria de vidas e seria pastor. Para falar a verdade, o meu sonho era viajar o mundo como tenista profissional.

Eu sempre fui atleta e, por isso, amo esportes e competições. Sou uma pessoa bastante competitiva e que é estimulada pelo cumprimento de metas. Seja com o completar de um plano de leitura anual da Bíblia, a execução uma nova série de exercícios físicos, a realização de uma viagem com a família para um lugar novo, nada me energiza mais do que saber que estou superando limites e fazendo algo novo. Não importa o desafio, o que eu mesmo gosto é de me colocar em situação que exige superação. Através dessa mentalidade de atleta, cultivada desde a adolescência, quando comecei a jogar tênis, aprendi muito sobre disciplina e resiliência, princípios essenciais para cumprir com todas as minhas responsabilidades e metas como marido, pai, pastor e empresário. A minha carreira como tenista começou bem cedo, aos 12 anos. Nessa idade, eu já tive de aprender a gerenciar o meu tempo, dividindo meu dia entre estudos, treinos e competições. A minha vida se resumia a treinar e competir. Tudo era voltado para o esporte, porque o meu grande objetivo era me tornar um jogador profissional de tênis. Aos 18 anos, fui vice-campeão brasileiro desse esporte. Foi um momento muito importante para mim, pois foi mais um objetivo alcançado em minha vida.

Dali para frente, continuei me desenvolvendo para me tornar definitivamente um atleta profissional e seguir minha carreira como tenista. Porém, no meio do caminho, meu pai, que era quem me bancava financeiramente em busca desse sonho, perdeu o emprego, o que me obrigou a parar de jogar. Eu estava em uma fase de transição entre o campeonato juvenil e profissional, e era a fase em que eu mais precisaria de recursos financeiros, pois tinha de jogar diversos torneios dentro e fora do Brasil. Até aquele momento, morava junto com a minha equipe em outro estado do Brasil e, diante daquela situação, precisei voltar para São Paulo e viver novamente com meus pais. Comecei a trabalhar para ajudar nas despesas de casa e voltei a estudar para ingressar na faculdade.

Aos 20 anos, descobri um lado da vida que até então não conhecia muito bem. Eu comecei a trabalhar, ganhar o meu próprio dinheiro, pagar minhas contas sem dar satisfação para ninguém, e, de quebra, a me envolver com os amigos do trabalho. Saímos para as baladas quase todos os dias. Minha vida estava virando de cabeça para baixo. Nesse tempo, acabei me envolvendo com bebida, cigarro e outros tipos de drogas para anestesiar a dor e a frustração que não conseguia compartilhar com ninguém: eu estava infeliz com a minha vida. Estava decepcionado com o meu presente porque o meu passado tinha sido melhor do que qualquer perspectiva de futuro que eu poderia ter. Apesar de todos os motivos, eu não queria ter parado de jogar tênis e não suportava a ideia de que o meu sonho havia sido limitado por causa da falta de dinheiro.

Diante daquele cenário, por mais que eu não quisesse admitir, eu sabia que o tempo estava deixando aquele sonho cada vez mais impossível. Estava vendo minha vida passar fazendo algo que não gostava apenas para pagar contas e sobreviver. Eu não tinha noção do rumo que a minha vida tomaria, porque, no fundo do meu coração, acreditava que os meus melhores dias não estavam mais à minha frente.

Permaneci nessa jornada de trabalho, balada e *raves* por três anos, passando a pesar 70 kg, com 1,90 de altura. Eu estava mal, no meu corpo, na minha alma e no meu espírito. Não era diferente de um zumbi, um morto-vivo que vagava por aí sem vida e sem direção. Eu sabia que minha vida estava sendo desperdiçada, como água descendo pelo ralo.

Entretanto, mesmo em meio a um turbilhão de festas e sentimentos ruins, lembro-me do dia em que, em uma *rave*, tomei a decisão de mudar de vida. Eu não queria mais tudo aquilo. Dentro de mim, eu tinha o sentimento de que havia sido criado para algo muito maior do que a realidade que estava vivendo. Percebi que estava sendo enganado e que estava perdendo tempo vivendo daquela forma. A primeira coisa que pensei que mudaria o rumo da minha vida seria encontrar uma namorada, uma pessoa que eu pudesse amar e que me ajudasse a sair daquela vida para construir uma família e um futuro. Foi então que, enquanto eu ainda estava no processo de me libertar daquela vida, em uma das últimas *raves* que fui, encontrei uma pessoa maravilhosa. Seu nome era Pâmela. Ela era amiga de uns amigos meus e, sinceramente, até hoje me pergunto o que ela estava fazendo lá. Ela não bebia, não fumava, não usava drogas, e a lembrança que tenho dela naquele lugar era de alguém que estava totalmente perdida. Eu sempre digo que Deus enviou um anjo no inferno para me resgatar. Depois de conhecê-la melhor naquela *rave*, pedi seu telefone e começamos a conversar. Eu a convidei para jantar um dia, almoçar no outro e começamos a nos encontrar mais vezes. Depois de algumas semanas, começamos a namorar. Namoramos por um ano e eu a pedi em casamento. Durante o ano de nosso noivado, a Pâmela ficou grávida. Casamos, e três meses depois nossa filha Lara nasceu. Foi então que olhamos um para o outro e nos demos conta: "Meu Deus! O que vamos ensinar para esta criança?". Na mesma hora, outra pergunta surgiu: " 'Meu Deus?' Quem é Deus para nós?". Não tínhamos certeza das respostas para aquelas perguntas e, assim, do nada, decidimos começar a ir atrás delas. Foi quando passamos a procurar uma igreja para frequentar. Visitamos diversas igrejas de várias denominações, mas nenhuma tocava o nosso coração de forma intensa e profunda. Até que um dia decidimos aceitar um convite para conhecer uma igreja que ficava a 40 km de distância da nossa casa. Mesmo sendo longe, nosso desejo de conhecer a Deus era maior que a distância. Fomos para o culto e tivemos um encontro tão forte com o amor de Deus que decidimos entregar as nossas vidas a Jesus naquele dia. Nossos corações foram preenchidos por muita paz e tínhamos certeza de que ali seria o nosso lugar, mesmo sendo muito longe de casa.

Em toda minha "vida" de *raves* e bagunça, eu buscava saciar os meus traumas com bebidas e drogas, mas hoje posso afirmar com convicção que nada se compara a todos os meus momentos com Deus. Eu jamais os trocaria por absolutamente nada! Após minha conversão, eu pude testemunhar Romanos 8.28 sendo verdade na minha vida. Pude perceber que tudo havia cooperado para aquele momento e também para outros que estavam por vir. Dois anos depois, estava no meio de uma estrada em alta velocidade, recebendo um convite que mudaria minha vida para sempre: liderar um movimento missionário dentro das universidades, o Dunamis Pockets.

Existem pessoas que possuem o dom da fé. O dom de enxergar e crer de forma inabalável naquilo que ninguém consegue enxergar, mas que Deus diz que existe. Meu pastor e líder, Téo Hayashi, é uma dessas pessoas. Ele via coisas em mim que eu nunca imaginaria que estariam ali e que apenas Deus poderia ter colocado. Eu achava que jamais poderia sonhar e fazer certas coisas, por conta do meu tempo de convertido. Mesmo com uma vida em processo de intensa transformação, eu não tinha o menor interesse por servir no ministério, muito menos tinha as habilidades para atuar dentro dele. É claro que eu queria ver o Reino de Deus alcançando a sociedade da mesma forma que Ele me alcançou, mas a verdade é que não imaginava que eu poderia fazer parte da expansão desse Reino na Terra. Eu estava satisfeito em ser um membro fiel em minha igreja e ajudar os meus líderes no que podia. Mas, como comentei, quando dizemos "sim" para sonhar com Deus, dizemos "não" para tudo que imaginamos de forma limitada para nós mesmos. Para mim, o convite veio em meio a uma viagem ministerial, quando estava no banco de trás de um carro apertado no meio de uma estrada. Nesse dia, tinha sido convidado pelo pastor Téo para acompanhá-lo em uma conferência a 300 km de São Paulo. Suspeito que Deus usou aquela situação como uma estratégia para eu não fugir do convite de sonhar com Ele, uma vez que não é uma boa ideia sair de um carro em movimento no meio de uma estrada.

Durante a viagem, eu fui conversando com as pessoas que estavam no carro, e, no meio da conversa, recebi o convite do Téo.

— O que acha de liderar o Dunamis Pockets? —, ele me perguntou.

— O que é Dunamis Pockets? —, respondi em seguida com esta pergunta.

Ele começou a contar sobre a iniciativa do Dunamis dentro das universidades e do chamado da Igreja para ocupar os *campi*, o maior campo missionário da pós-modernidade. Ele explicou que Pockets eram pequenos grupos que estariam dentro do campus como pequenas embaixadas do Reino de Deus. Seriam "bolsos de avivamento" para promover reuniões cristãs, pregar o evangelho com demonstração do poder sobrenatural do Espírito Santo, criar comunidade entre os estudantes e disseminar a cultura do Reino dentro da universidade. Depois de uma pausa, ele retornou a conversa dizendo: "Deus nos chamou para impactar as universidades e eu tenho buscado alguém para liderar a expansão do que já estávamos fazendo com o Felippe Borges no Mackenzie. Tenho no meu coração que você é a pessoa para fazer isso acontecer", ele disse.

Naquele momento, eu não sabia como reagir. Imagine você no meu lugar. O seu pastor te procura e diz que sente no coração que você é a pessoa certa para liderar um movimento missionário que nasceu no coração de Deus e vai impactar o maior campo missionário da modernidade. Como você receberia esse convite? Mesmo sabendo que eu não era a melhor pessoa para liderar aquilo, eu estava eufórico! "Deus está me chamando para mudar o mundo!", pensei. Eu não sabia o que aconteceria dali para frente, mas eu me lembrava da palavra de Romanos 8.28:

> ... todas as coisas contribuem juntamente para o bem daqueles que amam a Deus, daqueles que são chamados segundo o seu propósito.

Naquele momento, eu fiquei muito feliz e disse que seria uma honra e um privilégio poder fazer parte daquilo. Então, o Téo me disse um pouco mais sobre o sonho que Deus havia colocado no coração dele e quais eram os planos para os próximos meses. Depois de ouvir tudo, disse para ele que iria orar, conversar com a minha esposa e que traria uma resposta concreta naquela semana.

Na mesma tarde, eu saí de casa acreditando que eu seria apenas um acompanhante para uma ministração junto com meu pastor. Pensei que seria uma viagem tranquila e que depois de orarmos por algumas pessoas, voltaria para casa e minha vida seguiria como sempre: família, trabalho e igreja. Mal sabia que eu a partir dali tudo mudaria.

Depois que a euforia do momento passou, comecei a me dar conta do tamanho da loucura em que eu estava me metendo. Diversos pensamentos começaram a passar pela minha cabeça, entre eles: "como posso liderar tantos jovens para um avivamento com apenas dois anos de conversão?"; "como uma pessoa com um passado como o meu poderia ser escolhido para liderar um avivamento universitário?"; "como alguém com todos os meus defeitos poderia fazer parte de algo tão grandioso e poderoso da parte de Deus?". Enquanto todos esses pensamentos estavam passando pela minha cabeça e tentando causar uma confusão, Deus só queria o meu "sim".

Geralmente esses são pensamentos que nos vêm à mente quando estamos diante dos convites de Deus para nós. Estudando um pouco mais a vida de alguns grandes homens e mulheres de Deus, percebi que em diversos momentos, o lado humano tentou falar mais alto que a voz de Deus em suas vidas. Quando Deus convida Moisés, por exemplo, a primeira coisa que ele diz é: "Eu sou gago. Envia alguém comigo, Senhor. Não sei falar bem". Ali, Moisés estava olhando para a sua realidade e deixando com que ela falasse mais alto que a verdade de Deus.

Dias de oração se passaram e o final da semana estava chegando. Eu deveria dar uma resposta sobre o convite que havia recebido e até aquele momento tudo o que conseguia ouvir era: "NÃO! Não aceite esse convite. Você não é capaz, você não merece". Fui dormir naquela noite e, no dia seguinte, quando acordei, me lembrei de um sonho. Normalmente, não me lembro de sonhos. Inclusive, sou o tipo de pessoa que sempre acha que todas as noites são iguais. Eu caio no sono e, simplesmente, a minha memória desliga. Entretanto, naquele dia, enquanto escovava os dentes, eu não só me lembrei da história como também dos detalhes do sonho, e isso me chamou a atenção. No sonho, eu estava em uma espécie de restaurante americano, sentado em frente a um balcão com uma televisão enorme. Enquanto esperava o meu pedido, passava uma reportagem sobre o Barack Obama, presidente dos Estados Unidos na época. Ele estava um pouco apreensivo assinando algum decreto em cima de um palco. Por trás das cortinas, pude ver o ex-presidente George W. Bush rindo sarcasticamente. No rodapé da televisão, reparei em uma legenda: "O medo que pode derrubar o presidente americano em apenas uma assinatura não pode habitar dentro de você". Quando me lembrei daquelas palavras fiquei paralisado. Tive a certeza de que era Deus falando comigo através daquele sonho. Ele estava me alertando de que o "não" que estava ouvindo não era a voz de Deus, mas a voz do espírito do medo. Todas as vezes em que eu orava e ouvia a direção de não liderar o Dunamis Pockets, de não assumir essa responsabilidade, de que eu não era capaz, de que eu não podia fazer aquilo por conta do meu passado, eu estava dando ouvidos ao medo. E o medo, como a Bíblia nos ensina em 2 Timóteo 1.7, não é uma emoção, mas um espírito que não foi colocado em nós por Deus. Se a voz do medo está mais alta do que a voz do Senhor, significa que estamos dando lugar em nosso coração para outro espírito que não é o Espírito Santo. Dois corpos não podem ocupar o mesmo espaço. Este é um princípio natural que se aplica a todas as coisas no Universo. Portanto, o espírito do medo e o Espírito de Deus não podem estar em você ao mesmo tempo. É um ou outro. Não existe meio termo, porque Deus não deseja uma parte do nosso coração. Cristo foi até a cruz para conquistar nosso coração por inteiro. E no momento em que me dei conta de que eu estava deixando o medo roubar o lugar de Deus em meu coração, pedi ao Senhor que me perdoasse e me enchesse com o Seu amor, porque a palavra diz que só o perfeito amor pode lançar fora o medo de nós.

> No amor não há medo; pelo contrário o perfeito amor expulsa o medo, porque o medo supõe castigo. (1 João 4.18 - NVI)

Naquele momento, o Senhor começou a me trazer à memória os detalhes do sonho e cada uma das Suas promessas carregadas de amor. Ele me fez compreender que, assim como o medo, o perfeito amor também é um espírito, o Espírito Santo. Porque Deus é Espírito e também é amor.

> **Deus é Espírito**, e importa que os que o adoram o adorem em espírito e em verdade e em verdade. (João 4.24 grifo do autor)

> Quem não ama não conhece a Deus, porque **Deus é amor**. (1 João 4.8)

Diante daquela revelação, eu não podia dar espaço para o medo me abalar. O Espírito Santo estava em mim e sobre mim para cumprir com aquela missão. Então, me enchi de coragem e comuniquei ao Téo que a minha resposta era SIM para o chamado de liderar o Dunamis Pockets. Aceitei o convite, porque, no fundo, eu sabia que havia sido criado por Deus para um tempo como aquele. Assim como Ester teve um tio que a encorajou no momento decisivo de sua vida, eu tinha o Pai Celestial que havia me encorajado e me direcionado em um momento crucial em minha vida. Aquele havia sido o meu sinal e, depois de contar o sonho para o Téo, eu disse sim.

Logo após aceitar o convite, começamos a fazer os planos e sonhar sobre como seria o projeto de expansão do Pockets, como seria a captação de novos líderes, o treinamento deles, como faríamos o acompanhamento sistemático, as visitas, relatórios e tudo mais. Passamos por um período em que procuramos outros líderes de grupos que já estavam atuando dentro das universidades e que queriam liderar esses bolsos de avivamento dentro de suas universidades. Marquei de almoçar com eles, sentamos para discutir estratégias, ouvir experiências passadas, sonhar e planejar o futuro. A partir dali comecei a perceber que, ao longo dessa minha jornada com o Pockets, Deus, muito diferente do que imaginava, tinha me criado para ajudar e orientar pessoas no seu desenvolvimento. Foi nessa fase de liderança à frente do Pockets que descobri o meu chamado pastoral. Enquanto eu cumpria o sonho de Deus, descobri o meu chamado de vida.

Todas as questões que envolviam cuidar dos Pockets me davam medo, pois nem pregar eu sabia, e talvez conhecesse muito menos de Bíblia do que muitos dos jovens que estariam à frente das reuniões dentro das universidades. Até aquele momento, eu tinha feito apenas alguns poucos cursos bíblicos em minha igreja local. Todos os cursos foram sobre princípios básicos do cristianismo. Eu estava na fase de receber "leite", como diz Hebreus 5. Dali em diante, precisava aprender a comer "alimento sólido" para alimentar outros jovens. Para essa nova temporada, tive o entendimento de que precisava aumentar meu conhecimento teológico. E para isso comecei a mergulhar ainda mais no estudo das Sagradas Escrituras. Noites e noites disciplinado, dedicando-me a conhecer mais da Palavra de Deus. Fui atrás de fazer mais cursos dentro da minha igreja e também *on-line*. Entendia que minha rotina não poderia ser apenas leitura e estudo, já que isso poderia fazer com que eu caísse em um estilo de vida pautado por religiosidade, e não intimidade com o Espírito Santo. Portanto, fiz questão de incluir períodos de meditação, jejuns e orações, digerindo espiritualmente tudo aquilo que estava absorvendo. Foi nessa fase que comecei a viver intensamente o versículo de Jeremias 29.13:

> Vós me buscareis e me encontrareis, quando me buscardes de todo coração.

Estava decidido a buscar a Deus com todo o meu coração e, em todos os dias, eu O encontrava de formas diferentes na Palavra, no tempo de contemplação e meditação, nos momentos de solitude, nas conversas com líderes e professores, nos períodos de jejum e oração. E a cada encontro, eu conheci mais sobre o líder que Ele queria que eu me tornasse.

Durante todo esse processo de desenvolvimento da minha liderança, conheci muitos jovens líderes que passaram pela experiência do novo nascimento, mas, assim como eu, antes de conhecer o Pockets eles não tinham tido a revelação de que a grande comissão não é uma sugestão. Quando alguém sugere algo para nós, temos em nossas mãos a possibilidade de aceitar ou não. Eu me recordo do dia em que eu e minha esposa estávamos saindo de casa para irmos ao cinema e, quando chegamos no elevador, ela me olhou com um tom desconfiado e perguntou: "Onde você vai?". Eu disse: "Vamos ao cinema, meu amor!". Logo em seguida, ela me perguntou novamente: "Onde você vai vestido desse jeito?". Foi quando olhei para o espelho e percebi que estava vestindo uma camisa xadrez com uma calça listrada. Depois de alguns segundos, meio sem graça e com o olhar dela passando pela minha roupa de cima a baixo, caímos na risada, e ela me deu uma sugestão muito boa. Ela me disse: "Amor, não se usa camisa xadrez com calça listrada. Volta para casa e troca essa roupa. Se você usar uma peça xadrez ou listrada, a outra peça deve ser lisa". Depois de passarmos por aquele momento de risada, susto e sugestões, eu voltei para casa e me troquei. Por que estou contando essa história? Pois o que aconteceu ali, naquele elevador, foi apenas uma sugestão. Eu tinha em minhas mãos a oportunidade de fazer ou não aquilo que minha esposa havia me sugerido.

Agora, o que Jesus nos deixou não foi uma sugestão, algo que você pode ou não realizar de acordo com a sua vontade.

Ele nos deixou a Grande Comissão. Fomos comissionados a viver essas lindas palavras que Ele disse.

E disse-lhes: Ide por todo o mundo, pregai o evangelho a toda criatura. Quem crer e for batizado será salvo; mas quem não crer será condenado. E estes sinais seguirão aos que crerem: Em meu nome expulsarão os demônios; falarão novas línguas; pegarão nas serpentes; e, se beberem alguma coisa mortífera, não lhes fará dano algum; e porão as mãos sobre os enfermos, e os curarão. (Marcos 16.15-18)

Portanto ide, fazei discípulos de todas as nações, batizando-os em nome do Pai, e do Filho, e do Espírito Santo; Ensinando-os a guardar todas as coisas que eu vos tenho mandado. (Mateus 28.19-20)

Quando somos comissionados, as coisas são um pouco diferentes; saímos daquele lugar de sugestão, onde podemos fazer ou não o que nos foi proposto e entramos em um lugar de responsabilidade, onde devemos dar o nosso melhor para cumprir com a missão que nos foi dada. A missão que Ele tem para nós é salvar vidas, fazer discípulos e tornar a Sua glória conhecida por toda a Terra através do poder do evangelho. A Grande Comissão foi a última direção que Jesus nos deu. Logo depois, Ele subiu aos Céus e hoje se assenta à direita de Deus. Que incrível isso, não é mesmo? Ele resume o Seu ministério e coloca em poucas palavras todos os exemplos do que espera que Seus discípulos, nós, venhamos a fazer em parceria com o Espírito Santo para expandir o Reino de Deus na Terra.

Eu não sei você, mas se eu tivesse a mesma oportunidade de Jesus, de dizer minhas últimas palavras aqui na Terra, eu, provavelmente, diria as coisas mais importantes para as pessoas mais importantes. Com uma oportunidade dessas na mão, Jesus não perdeu tempo acusando os Seus inimigos ou falando de qualquer outra coisa passageira. Ele escolheu essas palavras, pois elas são importantes e merecem atenção. Sabe quando você tem de ler um livro, mas em vez disso escolhe ler apenas o resumo? É mais ou menos isso que está escrito na grande comissão: um resumo do evangelho que nos é proposto como estilo de vida. Claro que é sempre melhor ler o livro todo do que se contentar apenas com o resumo. Mas esse resumo nos ajuda a manter a mensagem fresca e direta. Precisamos nos apaixonar por cada palavra e promessa da grande comissão, porque elas nos encorajarão a levar o Reino para dentro dos nossos *campi*.

Por um tempo, eu e muitos líderes de *Pockets* líamos essa passagem de Mateus 28 e pensávamos de uma forma diferente de hoje. *"Ide por todo o mundo e pregai o evangelho a toda criatura"*. O que entendíamos era que deveríamos sair de nossas casas com uma mala de roupas e uma mochila nas costas e ir para a África ou Ásia como missionários. Na verdade, para muitos, mesmo hoje, isso é a Grande Comissão. Não sei se você pensa ou já pensou dessa forma, mas o que seria do futuro de toda sociedade se todos nós fôssemos cumprir a grande comissão assim? Não teríamos o Reino de Deus se expandindo de forma plena no mundo para trazer transformação em áreas, como a Educação, a Família, as Artes e o Entretenimento, a Ciência e a Tecnologia, a Economia, a Mídia e a Política. Devemos carregar essa revelação de que a Grande Comissão é uma missão que faz de todos nós missionários na sociedade. O que muda é apenas o nosso campo de atuação. Manifestar o Reino de Deus através de um estilo de vida naturalmente sobrenatural dentro da Bolsa de Valores é tão espiritual e importante quanto pregar o evangelho no Nepal para povos que nunca ouviram falar do nome de Jesus.

Com o passar do tempo, percebi que essa era uma das revelações mais poderosas e libertadoras que pregávamos dentro dos *Pockets*: todos somos "missionários". Assim, líderes e estudantes que não se achavam tão relevantes ou ungidos porque não tinham um chamado para a esfera da Igreja começaram a descobrir que eram tão importantes para o avanço do Rcino de Deus na sociedade quanto um pastor ou um missionário que viajava às nações. Jovens que cursavam *Design* passaram a entender que poderiam solucionar problemas sociais revelando a beleza de Deus. Estudantes de Direito começaram a enxergar suas futuras carreiras como plataformas para trazer a justiça de Deus para a Terra. Estudantes de Medicina se sentiam libertos ao ouvir que Deus poderia ministrar amor e operar curas naturalmente e sobrenaturalmente. Esses são apenas alguns exemplos de como a mensagem de que todos somos chamados a cumprir a Grande Comissão cooperou para que os *Pockets* crescessem dentro das universidades. Nossos pequenos grupos não apenas traziam um despertar espiritual, mas também estabeleciam uma cultura que formava discípulos de Cristo dentro de todos os cursos do *campus*.

Todos os dias, temos a oportunidade de cumprirmos com a grande comissão. Desde quando acordamos até o momento que vamos dormir, estamos indo por todo o mundo. Estamos indo para a escola, universidade, trabalho, supermercado, padaria, farmácia, clube e por tantos outros lugares onde temos a oportunidade de viver essa experiência incrível, que é pregar o evangelho para as pessoas. Não desperdice essa oportunidade. Como diria Francisco de Assis: "Pregue o evangelho a todo tempo, se preciso use palavras". Em todo tempo, em todo lugar, com todas as pessoas, devemos cumprir a grande comissão. Deixe a criatividade de Deus fluir através de você. Nem sempre será como pensamos ou imaginamos, mas quando permitimos Deus agir através de nós, podemos experimentar algo incrível acontecendo. Deus está mais focado em nosso "sim" para os Seus convites do que em nossas habilidades para atender a esses convites. Pois um sim da nossa parte mostra um coração disposto a agradar a Deus, e é somente isso que Ele precisa para desenvolver as habilidades necessárias para cumprirmos com os objetivos desse convite. Um coração que diz sim é um coração que se submete, que deixa Deus agir, que confia mais na Sua verdade do que na própria realidade que está enxergando. Devemos desmistificar a ideia de que pregar o evangelho vai acontecer apenas quando estivermos com um microfone na mão, quando estivermos em um palco e tivermos uma plateia. Essa é apenas uma das formas que podemos pregar o evangelho. Precisamos abrir a nossa mente para perceber quais são as outras formas de anunciar que Jesus está vivo e que o Seu Reino já está entre nós. Pode ser na Igreja, no trabalho, na escola, na faculdade, na padaria, no mercado, na sua casa ou nas suas redes sociais; em todo tempo é tempo de anunciar que Deus está vivo, que Ele é o nosso provedor, que n'Ele estão todas as respostas para os problemas sociais e políticos, que Ele é a inspiração para toda nova criação e arte, e que Ele é o que o mundo sempre esteve à procura.

Tudo isso pode acontecer através de discursos ou pode ser demonstrado por meio do seu estilo de vida ou dos frutos do seu trabalho e intimidade com Deus. Muitas vezes, cumprir a vontade de Deus é se expor para algo nunca visto ou nunca feito antes. Deus nos chama de forma única, para um chamado único. Inclusive, isso é nítido ao longo da Bíblia. A um Ele chamou por meio de uma sarça ardente, a outro apareceu durante à noite e lhe chamou pelo nome, também usou um profeta para falar com um, e chamou outro por meio de um anjo, sonhos, e por aí vai. Enfim, a maneira como podemos ser chamados pode ser diferente, mas só existe uma resposta que é aceitável, independentemente da forma como o convite chega, Ele espera o nosso sim. Ele aguarda pelas nossas atitudes expressando esse sim e agindo conforme o convite.

Quando comecei a colocar a mão na massa em todos esses projetos, lembrei-me de uma palavra que havia recebido quatro anos antes, em 2008, antes mesmo da minha conversão que só aconteceu em 2010. O meu pai estava doente e passando por uma fase de recuperação em casa. Naquela época, recebíamos em casa uma senhora todas as quintas-feiras, em uma campanha de oração. Não sabíamos muito o que era aquilo, mas como estávamos com muita vontade de ver meu pai curado, abrimos nossa casa e ela ia até lá para orar. Fez isso por sete semanas, e como ela sempre queria orar por mim também de forma específica, todas as vezes eu dava um jeito de não estar em casa na parte da manhã. Na minha cabeça, eu pensava: "Essa mulher quer mostrar serviço. Ela veio aqui para orar pelo meu pai e agora quer ficar orando por todo mundo?".

Certo dia, eu perdi a hora e acabei ficando em casa para a oração. Então, finalmente, aquela senhora pode orar por mim. Enquanto orava, ela me dizia que eu seria uma voz para uma geração de jovens. Dizia que eu era um escolhido do Senhor e estava separado para a Sua obra, e foi falando várias outras profecias que estão se cumprindo em minha vida até hoje.

O "sim" para o convite do Dunamis Pockets foi um passo para mais perto do meu destino. A minha liderança no Pockets não é algo que faço ainda hoje, mas foi um tempo importante de muito aprendizado que me colocou mais próximo dos sonhos de Deus para mim. Hoje estamos em mais de 230 universidades, semanalmente, crescendo na missão de levar o amor de Cristo e o poder do Espírito Santo para as universidades do Brasil e do mundo.

É uma alegria enorme poder ver o que Deus está fazendo por meio dos Pockets e de outros movimentos de missões universitárias ao redor do mundo, mas o mais interessante é ver como Deus tem construído isso por meio de pessoas comuns como eu e o Felippe Borges, que apenas dissemos "SIM" para um convite de Jesus. Ao longo da nossa jornada com Jesus, existem diversos convites que recebemos para sermos Seus parceiros na aventura de espalhar as Boas Novas. Nem todos os convites são iguais, mas todos confrontam a visão que temos sobre retirar o de nós mesmos com a visão que temos acerca de Deus. E a verdade é que Ele sempre deseja expandir os nossos sonhos e visão para que Ele possa caber dentro deles.

Aqui estão três fatores que você deve se atentar para não perder os convites de Deus:

- Você pode estar a uma conexão do seu destino:
Assim como Deus usou a minha esposa Pâmela e o meu pastor para destravar o meu destino em diferentes momentos, existem pessoas à sua volta ou que você está prestes a conhecer que podem levá-lo para a próxima fase do seu chamado. Por isso, sempre ore e busque por conexões celestiais que o levarão para mais perto dos sonhos de Deus.

- Ore, jejue e leia a Bíblia:
Quando buscamos ao Senhor em oração e jejum, mortificamos a nossa carne e nos tornamos mais sensíveis à voz do Senhor. Através dessas disciplinas espirituais, adquirimos mais clareza e autoridade em

nossas orações, assim como mais conhecimento das escrituras para tomarmos as decisões corretas.

- Atente-se aos sinais:
Deus está sempre falando conosco. Ele pode usar sonhos, como foi o meu caso, mas Ele sempre está se comunicando conosco através da Sua palavra, do Espírito Santo que habita em nós, da Sua criação (natureza), de pessoas que O conhecem em intimidade, de pessoas mais sábias, entre outras inúmeras formas. Por isso, esteja atento à voz d'Ele.

- Escute e obedeça:
Uma vez que você reconheceu a voz de Deus, não procure mais por sinais. Obedeça. E se estiver com medo, vá com medo mesmo.

Deus não desperdiça nada. Ele faz com que Romanos 8.28 seja realidade em nossas vidas, fazendo com que tudo sempre coopere para o nosso bem. Se você deseja ser uma voz dentro do seu campus ou na sua área de atuação, esteja atento para se alinhar com os sonhos de Deus e veja esse versículo sendo realidade na sua vida também. Deixe o Senhor expandir a sua visão sobre você mesmo.

CAP. 3

nós somos a bíblia que o mundo lê

FELIPPE BORGES

Um dos maiores evangelistas da história da Igreja moderna, Billy Graham, disse certa vez: "Nós somos as Bíblias que o mundo está lendo. Nós somos os sermões que o mundo está prestando atenção". Eu já havia escutado essa declaração diversas vezes durante os anos em que estive à frente das reuniões dos Universitários Dunamis. Acredito que já citei essa frase mais de uma vez em minhas pregações. Apesar disso, acho que só consegui compreender verdadeiramente o que Billy Graham quis dizer com aquelas palavras quando fui para o mercado de trabalho, após minha graduação. Ali, dentro de uma multinacional, eu não tinha mais um microfone ou um púlpito para anunciar a minha fé e pregar o evangelho de forma explícita como fazia no *campus*. Não. Eu estava em um território novo, no qual eu não tinha voz a não ser que tivesse resultados profissionais. A minha fé não tinha a menor relevância para as pessoas à minha volta, a menos que ela, de alguma forma, promovesse uma melhora na produtividade e rendimentos da empresa. Para os meus chefes e colegas de trabalho, não importava se eu sabia orar em línguas espirituais, fluir em dons proféticos, ser eloquente no meu falar ou mesmo saber como curar enfermos com oração. Se eu não cumprisse com as tarefas que me haviam sido confiadas até o final dos prazos, eu não teria credibilidade para ser ouvido. Por conta disso, a única forma que eu tinha para pregar o Reino de Deus no meu trabalho era através do meu testemunho profissional no dia a dia. E isso me fazia refletir sobre o fato de que Jesus nos chamou para sermos "luz e sal da terra" (Mateus 5.13-14). Talvez eu jamais tivesse uma abertura para ser "luz" e pregar o evangelho explicitamente no meu trabalho, porém poderia ser "sal" e manifestar o Reino de forma implícita com minhas atitudes e testemunhos. Talvez eu seria o único contato diário que os meus chefes e colegas teriam com o evangelho no trabalho, quem sabe até na vida. Portanto, eu entendia que era minha responsabilidade fazer o meu melhor para ser, como Billy Graham dizia, a "Bíblia" deles até que eles encontrassem a Cristo. Eu estava determinado a não ser refém do ambiente, mas, sim, ser um influenciador naquele lugar, assim como José no Egito. No meu espírito, eu carregava uma convicção: eu não estava ali por acaso. Apesar de já saber que Deus tinha um chamado ministerial para minha vida e que não trabalharia com aquilo para sempre, eu havia aceitado aquela proposta de emprego com paz no coração porque estava debaixo de um direcionamento d'Ele e com a bênção dos meus pais e pastores. Por isso, por mais desconfortável que fosse deixar de pregar por um tempo para trabalhar com comunicação e *marketing* em uma multinacional, tinha fé de que estava no lugar certo e na hora certa para cumprir com dois propósitos específicos: aprender a manifestar o Reino de Deus no mercado de trabalho e me preparar profissional e financeiramente para o dia em que iria transicionar a minha vida para o ministério.

Ter os meus porquês bem claros me ajudou muito a me posicionar como pessoa e profissional dentro da empresa. Desde o primeiro dia de trabalho, optei por deixar claro para os meus colegas qual era a minha fé, o que me motivava a viver e a trabalhar. Fiz questão de demonstrar isso não apenas com palavras, mas principalmente com atitudes que endossavam o que dizia e refletia o caráter de Cristo dentro de mim. Com o passar do tempo, pude perceber que a forma como eu conduzia o meu dia a dia e alcançava resultados no trabalho despertava nos meus colegas de trabalho o interesse por conhecer mais sobre minha história e fé. A proatividade em liderar e propor novas ideias nos projetos, o compromisso com a excelência em cada tarefa e a prestatividade para ajudar e orar por meus colegas fez com que a minha influência expandisse dentro da organização.

Além das oportunidades de compartilhar o evangelho, tive também muita graça e favor para realizar o trabalho que me havia sido determinado. Um dos momentos de maior graça dentro daquela empresa foi trazer uma solução para um grande problema financeiro que estávamos passando como corporação. Anualmente, a companhia realizava uma importante convenção a fim de treinar e honrar o trabalho de todos os funcionários da área de vendas e *marketing*. Todos os anos, o setor em que eu trabalhava conseguia inovar e promover experiências incríveis que motivavam os funcionários da empresa a se desenvolverem profissionalmente e como pessoas. Porém, no ano em que eu estava envolvido como um dos líderes desse projeto, o orçamento para o evento estava muito reduzido. Ano após ano, o orçamento que a empresa disponibilizava para tal evento era em média R$ 1,5 milhões de reais, a fim de cobrir passagens aéreas, hospedagem e todos os gastos com a produção do evento. Por conta da crise no Brasil e o baixo faturamento da empresa, o valor havia sido reduzido para bem menos da metade. A falta de recursos financeiros era um problema que limitava as ideias do nosso time. A questão se tornou um problema tão sério que chegamos a cogitar o cancelamento do tradicional evento. Todos os meus colegas estavam muito chateados, porque aquilo representava a quebra de uma tradição. Além de ser um momento que sempre reunia todos os funcionários em um só lugar como uma família, o treinamento também era de extrema importância para que a equipe de vendas estivesse preparada para atingir todas as metas de vendas estabelecidas naquele ano.

    Decepcionado com aquela situação, comecei a pensar em ideias para solucionar o problema de ter que treinar mais de mil funcionários com uma verba super-reduzida. Com o prazo apertado, precisávamos tomar uma decisão do que fazer. Estava tão frustrado com a situação e pressão que, depois de um longo dia de trabalho, fui assistir um filme no cinema para arejar a cabeça. Logo após sair da sessão, fui abordado por uma equipe do próprio cinema que estava distribuindo alguns panfletos para todos os que saiam daquela sala. Gentilmente, peguei um dos folhetos e fui para a minha casa. No dia seguinte, antes de sair para trabalhar, olhei na mesa da sala, onde havia deixado o panfleto do cinema, e tive uma epifania. Deus poderia ter me dado a solução para o meu problema e eu nem tinha percebido. Naquele folheto dizia que a rede de cinemas estava anunciando um novo serviço: videoconferências dentro das salas de cinemas, em todas as localidades que aquela rede estivesse presente no País. Decidi pesquisar a extensão daquela rede no Brasil e o valor do novo serviço, já tendo em mente a possibilidade de realizar o evento da empresa em uma daquelas salas. Para a minha surpresa, era exatamente o valor que tínhamos disponível para realizar a nossa convenção. Quando apresentei para os meus superiores, todos amaram a ideia e conseguimos encontrar solução para uma situação que, aos olhos de muitos, já não havia esperança.

Decidimos fazer o *CineMeeting*. Conseguimos reunir todos os funcionários da empresa em diversas salas de cinema ao redor do Brasil e, diretamente de um estúdio na cidade de São Paulo, a liderança da empresa estava ao vivo em todos os telões das mais de 100 salas de cinema passando todo o treinamento.

O evento foi um sucesso e o resultado também. O diretor de vendas fez questão de me chamar durante o evento para aparecer na transmissão ao vivo e me honrar publicamente diante de todos funcionários da empresa. Ele me elogiou e parabenizou pela grande ideia e eu aproveitei aquele momento para honrar a Deus diante de todos os colaboradores da companhia no Brasil, dizendo que nada seria possível se não fosse por Ele. Aos olhos humanos, tudo o que aconteceu, desde ter recebido um panfleto no cinema até à conclusão do evento, podia ser percebido apenas como uma grande coincidência ou sorte, porém eu sei que foi o Senhor que me inspirou a ter aquela ideia para que Ele fosse glorificado através da minha vida profissional.

Naquele dia, o Senhor reforçou uma poderosa mensagem dentro de mim: a maneira mais efetiva de pregar o evangelho é através das nossas próprias vidas. O nosso testemunho de vida no trabalho, na universidade, na igreja, em nossas casas, valida cada palavra que sai de nossa boca. Nós somos as "Bíblias" e os "sermões" que o mundo está prestando atenção.

Depois do evento, muitas pessoas vieram me procurar para me parabenizar, e em todo o momento eu via isso como uma chance de compartilhar sobre o evangelho através do testemunho de como tinha sido todo o processo até chegar ao evento. Nessas conversas, tive a oportunidade de orar por alguns colegas e ver o Reino de Deus invadindo o local no qual eu trabalhava. Vi com meus próprios olhos colegas de trabalho sendo curados pelo poder do Espírito Santo e também muitas conversões.

Essa estratégia me gerou uma ótima oportunidade de poder compartilhar um pouco sobre minha vida fora da companhia com os meus colegas de área. Em meio a uma agradável conversa, cheia de testemunhos sobre os milagres e sinais que já tinha visto Deus fazer, senti de compartilhar com todos um vídeo de cinco minutos que contava sobre a minha primeira viagem missionária para o Japão com toda a liderança do Dunamis. Nessa viagem, pregamos o evangelho para dezenas de japoneses, enquanto ajudávamos na reconstrução das casas de famílias que tinham sido seriamente prejudicadas pelo terremoto e Tsunami que atingiram o leste do continente japonês em 2011. Assim que o vídeo terminou, muitos deles vieram até mim cheios de perguntas e curiosos em saber mais sobre a minha vida com Cristo. Aparentemente, ela era algo muito mais emocionante e empolgante do que eles imaginavam. Quanto mais eles conheciam a minha história com Jesus e os valores que eu defendia, mais eles confiavam em mim para pedir conselhos e orações relacionadas às suas vidas profissionais e pessoais. Em questão de meses, ganhei a fama de ser o "guru espiritual" da minha área e, pouco a pouco, as portas foram se abrindo para mais oportunidades de compartilhar as boas novas não apenas para colegas, mas para os chefes.

Logo após conquistar a confiança dos meus colegas de trabalho por conta do meu desempenho profissional e pelo meu posicionamento dentro da empresa, as portas começaram a se abrir. Durante aquele período, depois que a diretora do meu setor descobriu que eu era cristão, ela começou a contar comigo para compor diferentes equipes para liderar novos projetos na empresa, iniciativas que exigiam pessoas de alta confiança. Para ela, tanto o meu desempenho profissional quanto o meu testemunho de vida validavam o investimento de confiança que ela estava disposta a fazer em mim. Além disso, mesmo não sendo cristã, ela era uma mulher de fé e que acreditava no poder sobrenatural. Por essa razão, ela também passou a me convocar inúmeras vezes em sua sala para pedir orações relacionadas à sua família e decisões importantes que tomaria pela organização. Por meio de pequenas orações e atitudes que honravam a confiança que ela depositava em mim, fui semeando o amor de Cristo e a mensagem do evangelho na vida dela. Alguns anos depois, quando já não trabalhava mais naquela empresa, ela me encontrou no *Facebook* e me disse que havia encontrado o Jesus que eu tanto falava e que havia entregado sua vida a Ele. Aquela notícia me encheu de alegria porque serviu como testemunho de que eu havia sido a "Bíblia" de alguém enquanto essa pessoa não encontrava a Cristo. Esse é o poder do bom testemunho. Quando semeamos a palavra de Deus em alguém, aquilo dará fruto a seu tempo, porque a Palavra de Deus jamais volta vazia. Como mencionei, sempre soube que tinha um chamado para o ministério em tempo integral, mas achava que essa transição só aconteceria quando estivesse com idade avançada, casado e estabilizado em minhas finanças. Sinceramente, não me imaginava servindo a Deus integralmente no ministério antes dos 30 anos. Mas é como a Bíblia diz em Provérbios:

> É da natureza humana fazer planos, mas a resposta certa vem do Senhor. (Provérbios 16.1 - NVT)

Por diversos momentos em nossas vidas, criamos vários planos e projeções de como viveremos a Palavra que Deus nos deu, mas, apesar de todo o planejamento, nós não fazemos a menor ideia de como Deus utilizará algo que estamos vivendo no presente para cumprir o futuro profético já revelado por Ele. Com o crescimento do movimento Dunamis, dos Dunamis Pockets e da Igreja Monte Sião, muitas coisas começaram a acelerar, e aquilo que eu esperava acontecer dali a 10 anos, na verdade, estava mais próximo do que eu imaginava. Com o crescimento dessas três organizações, em especial da Igreja Monte Sião, o meu querido amigo César Bianco, que era o líder dos Pockets naquele momento, recebeu um convite do nosso líder e pastor, Téo Hayashi, para assumir o cargo de administrador da igreja. Em um ano e meio, o César já havia expandido o projeto que começamos com a primeira reunião dos Universitários Dunamis na Universidade Mackenzie para 35 novos grupos em outras universidades espalhadas ao redor do Brasil. Naquele momento de expansão, sentimos a direção da parte de Deus, como liderança Dunamis, de mudar o nome para Dunamis Pockets. Pockets, em inglês, significa bolsos, e a nossa intenção era estabelecer bolsos de avivamento dentro das universidades. Já utilizando a nova identidade visual, o projeto começou a tomar novas proporções e, com isso, surgiu a necessidade de um cuidado pastoral com todos os novos líderes. Durante os anos em que o César esteve na liderança, ele realizou um ótimo trabalho cuidando e auxiliando cada um dos líderes que estavam à frente das universidades, e foi durante este processo que ele recebeu, e de forma muito clara, a convicção de que estava inserido no chamado integral, especificamente, dentro dos cinco ministérios como um pastor. Então, quando ele recebeu o convite do Téo para assumir a administração da Monte Sião, sabia que era uma confirmação para estar mais próximo do seu chamado específico, a área pastoral. Entretanto, apesar de saber do seu chamado e ter uma palavra de Deus para assumir aquela administração, a transição não foi fácil, afinal o Pockets era parte importante e especial de sua vida. Por isso, com muito pesar no coração, ele aceitou o convite para transicionar sob a condição de encontrarem alguém para liderar o Dunamis Pockets. Alguém que tivesse tanta paixão e amor por missões universitárias quanto ele. Na mesma semana em que o César oficializou sua saída, o Téo me chamou para tomar um café depois de uma reunião do Dunamis. Naquele café, ele me fez uma pergunta que eu só esperava escutar 10 anos mais tarde: "Felippe, você gostaria de deixar o que está fazendo hoje para trabalhar de tempo integral como líder dos Dunamis Pockets? Você quer voltar a liderar missões universitárias?".

Confesso que, mesmo sendo parte da liderança do Dunamis desde o início, eu não imaginava que a minha transição para o ministério de tempo integral aconteceria naquela fase da minha vida. Assim que o convite foi feito a mim, eu queria aceitar na hora, afinal ele ia de encontro com aquilo que eu já sentia como chamado de Deus para minha vida. Porém, eu não queria tomar uma decisão precipitada. Era uma decisão grande a se tomar, e eu necessitava de uma confirmação se era realmente o tempo certo para tal transição.

Uma das coisas importantes que precisamos entender é que não podemos generalizar e achar que os que realmente servem a Deus são os que largam tudo para trás e vão trabalhar de tempo integral no ministério. Essa foi a forma como Deus falou comigo ESPECIFICAMENTE desde o início, mas não necessariamente vai ser como ele falará com você. Existem muitas pessoas que estão esperando o mesmo convite, porém o Senhor não os chamou para estarem dentro da esfera da igreja, e sim dentro de escritórios de advocacia, agências de publicidade, centros de tecnologia, consultórios médicos, entre outras áreas da nossa sociedade. Precisamos sempre estar alinhados com aquilo que o Pai tem para as nossas vidas de forma específica e buscar em todos os momentos por confirmações precisas para realizar qualquer tipo de tomada de decisão ou transição.

Durante a minha caminhada cristã, uma das coisas que eu aprendi foi sempre buscar confirmações em Deus para qualquer tipo de decisão que necessitava, e necessito, tomar.

Por isso, pedi a Ele quatro confirmações para dar aquele passo de fé e entrar para o ministério de tempo integral:

1. Uma confirmação na Palavra de Deus.

2. Uma confirmação através de uma experiência sobrenatural.

3. Uma confirmação através de uma palavra de conhecimento vinda de alguém que não tinha conhecimento do convite.

4. A bênção dos meus pais sobre essa nova fase.

Naquela mesma semana, tomei a decisão de fazer um retiro pessoal, passar o final de semana em um local afastado da cidade para buscar a presença de Deus e deixar que Ele falasse comigo. Foram três dias em um sítio de umas irmãs da minha igreja, local que utilizam o espaço exatamente para esse tipo de retiro. No primeiro dia, Deus me trouxe à memória, em diferentes momentos, um versículo específico. A palavra de Jeremias 29.11 parecia que estava saltando da Bíblia, tomando os meus pensamentos e me trazendo uma convicção de que aquelas palavras tinham sido escritas para mim.

Porque sou eu que conheço os planos que tenho para vocês, diz o Senhor, planos de fazê-los prosperar e não de lhes causar dano, planos de dar-lhes esperança e um futuro. (Jeremias 29.11 - NVI)

Quanto mais eu meditava, mais eu ouvia Deus dizendo dentro de mim: "Não tenha medo. Se você estiver no centro da minha vontade, eu serei a sua provisão". Naquele dia, eu tomei aquela experiência como a minha confirmação da Palavra. No meu terceiro e último dia de retiro, tive a minha segunda confirmação através de uma visão em sonho. No sonho, eu estava conversando com o Téo e ele me fazia um convite e eu dizia não. Logo na sequência, a cena mudava e eu via Deus enviando uma chuva abundante sobre o Téo e muitas pessoas sendo cobertas por ela em um campo. Enquanto isso, eu ficava só observando de longe, sem ser tocado pela chuva. O sonho tinha sido tão real que parecia que não conseguia esquecer sequer os detalhes. Imediatamente, eu me lembrei que a chuva é sempre um sinônimo de crescimento e graça vindos dos Céus. Deus ia derramar algo sobre o Téo e os *campi* universitários, e eu não queria ficar de fora olhando. De forma muito clara, entendi que ali estava a minha segunda confirmação através de um sonho.

Naquela mesma semana, enquanto participava de um dos cultos de domingo da minha igreja local, um dos intercessores da igreja veio até mim e começou a orar pela minha vida. Foi algo realmente guiado pelo Espírito Santo e, no meio da oração, ele começou a falar sobre Jeremias 29.11. O intercessor disse que Deus estava no controle do futuro e que seria um futuro muito próspero em todos os sentidos, e que eu não precisaria me preocupar. Na hora, entendi aquilo como a minha terceira confirmação. Deus usou uma outra pessoa que não sabia do que eu estava passando para me confirmar que Ele estava comigo naquela fase.

A última confirmação que pedi de forma específica para Deus foi a aprovação e bênção dos meus pais. Eles são cristãos, porém queria ter a certeza de que eles me abençoariam naquela nova estação. Durante os meus quatro anos na universidade, pela graça de Deus, tive os meus pais me ajudando financeiramente e eles sempre viram esta ajuda como um investimento em meu futuro. Desde o início do meu curso, eles sempre me apoiaram e ajudaram em diversos sonhos e projetos pessoais. Quando consegui a minha primeira vaga de emprego, eles celebraram comigo, e na minha efetivação foi da mesma forma. Nós éramos um time. A opinião e bênção deles valiam muito. Para mim, foi um tanto quanto desafiador compartilhar com eles que iria "abrir mão" de uma carreira próspera no mercado de trabalho para servir em tempo integral no ministério, porém tomei coragem e fui conversar com eles.

Sendo bem sincero, estava com bastante receio de compartilhar com os meus pais o verdadeiro desejo do meu coração de estar em tempo integral no ministério. Muitas vezes, pelo extremo zelo de achar que iremos decepcionar aqueles que amamos, acabamos abafando os nossos sonhos. Mas umas das coisas que precisamos entender é que em diversos momentos as pessoas que amamos não apoiam ou mesmo abafam os nossos sonhos pelo simples fato de não comunicarmos claramente quais são eles. Entendi que, se eu realmente sentia que isso era o que Deus tinha para mim e, ao mesmo tempo, queria a aprovação e bênção dos meus pais, precisaria me posicionar e conversar com eles, explicando de maneira honesta e aberta meus sonhos a respeito daquilo.

No dia em que tomei coragem e resolvi me abrir com eles, comecei a explicar de forma clara sobre a possibilidade de entrar para o ministério de tempo integral. Na mesma hora, eles disseram: "Nós sabemos o filho que temos. Qualquer decisão que você tomar nós estaremos com você, filho". E lá estava a minha última confirmação para tomar a minha decisão com paz no coração. Assim, no final do primeiro semestre de 2013, da mesma forma como Deus já havia prometido, formalizei a minha saída da empresa, expondo que estava decidido a viver um sonho pessoal. Dessa maneira, entrei para o ministério de tempo integral e assumi a liderança do Dunamis Pockets. Aquela transição foi tão abençoada por Deus que até os meus chefes e colegas de trabalho se despediram de mim aprovando a minha decisão e desejando o melhor naquela nova empreitada.

Para toda transição, é necessário alinhamento e também uma análise clara do que está ou não funcionando. Por isso, logo quando assumi minha nova posição, reuni-me com o César para entender exatamente onde estávamos e para aonde iríamos como movimento missionário. Honro muito a vida desse grande pioneiro que abriu caminho para que outras universidades pudessem receber o mesmo avivamento que estava acontecendo na minha universidade. Ele, com o seu coração pastoral, ajudou muitos jovens a iniciarem o processo de liderança e assumirem o encargo dos céus pelos seus *campi*.

Para a minha grande surpresa, a expansão dos Pockets estava alcançando não só as universidades, mas também escolas e escritórios corporativos. O César compartilhou que, quando iniciamos a expansão, anunciando através das nossas redes sociais que estávamos em busca de universitários com o desejo de liderar Pockets, muitos jovens entraram em contato conosco para comunicar o interesse.

Por conta da demanda e inúmeras mensagens recebidas, começamos a nos preparar para mais uma onda de expansão. Para isso, demos uma repaginada na identidade visual da nossa marca, do *website* e mídias sociais para comunicar que estávamos entrando em uma nova fase. Algo novo estava por vir e estávamos procurando jovens universitários apaixonados por Jesus e que gostariam de levar o Reino de Deus para as suas universidades. Com toda a parte de comunicação e *marketing* atualizada, abrimos as inscrições para o processo seletivo e passamos a convocar jovens universitários decididos a fazer a diferença nos *campi* universitários

Antes mesmo de completar um mês de abertura do processo, recebemos mais de 100 novos formulários de pessoas que gostariam de se candidatar para abrir um Pockets. Durante duas semanas, passei horas e horas analisando cada pessoa e pedindo direção do Espírito Santo para entender se era ou não momento de aquela pessoa estar em uma posição de liderança. Para mim, os líderes precisavam atender os seguintes requisitos, caso contrário não conseguiriam suportar os desafios e serem bons mordomos da influência que Deus lhes confiaria:

- Ser radicalmente apaixonado por Jesus;

- Crer no mover sobrenatural do Espírito Santo;

- Ser membro de uma igreja local, servindo e sendo acompanhado por um líder;

- Ter um coração ensinável;

- Ter um bom testemunho como universitário e profissional.

Em muitos casos, tive de ser bem sincero com alguns dos interessados e encorajei muitos a dedicarem os próximos meses de suas vidas a investirem o seu tempo no relacionamento com o Pai e solicitar um discipulado um pouco mais próximo com os líderes de suas igrejas locais, a fim de estarem mais preparados para assumir essa posição de grande responsabilidade. Muitas vezes, a coisa certa na hora errada pode ser uma catástrofe em nossas vidas. Todos nós fomos chamados para liderar e governar aqui na Terra, mas se não estivermos preparados no corpo, na alma e no espírito, podemos nos frustar e, principalmente, machucar vidas pela falta de maturidade e preparação.

Desde o início, o nosso foco sempre foi qualidade, e não quantidade, por isso as pessoas que não tinham sido aprovadas nos primeiros semestres, abraçaram os seus processos e se permitiram ser moldadas para assumir no futuro uma posição de liderança de um grupo cristão dentro da universidade. Pouco a pouco, fomos expandindo ainda mais: novos estudantes foram aprovados, novas cidades iam sendo alcançadas e mais universitários eram equipados e preparados para formar cidadãos do Reino que invadiriam a sociedade. Pela graça de Deus, conseguimos, em poucos meses, dobrar o número de grupos, e todos eles dentro de universidades. Creio que essa estratégia que Deus nos entregou para alcançar jovens universitários dentro das universidades pode ser replicada para outros contextos. Desde igrejas, escolas e até mesmo no mercado de trabalho. Todo cristão decidido e comprometido a ser um agente do Reino dos Céus aqui na Terra pode fazer a diferença e alcançar muitas vidas para Jesus. Os princípios compartilhados em nossa jornada nas universidades são estratégias e revelações que Ele entregou para influenciarmos todas as esferas da sociedade, começando pelas universidades e podendo ser expandido para onde quer que o cristão pise a planta de seus pés.

Com o crescimento dos grupos de Pockets e a quantidade de interessados aumentando a cada mês, percebi que estava com o um bom problema: eu tinha trabalho demais para uma só pessoa. Eu, sozinho, não tinha a menor condição física e mental para liderar com excelência todo o crescimento e expansão que estávamos vivendo. Era hora de descentralizar algumas tarefas e funções da minha liderança para delegar e desenvolver novos líderes. Diante dessa necessidade, passei a procurar por pessoas que estavam interessadas e disponíveis a sonhar e servir junto comigo na liderança desse movimento missionário. Comecei a orar ao Senhor pedindo pelas pessoas certas para esse tempo e, pouco a pouco, jovens que já serviam em eventos do Dunamis começaram a aparecer e compartilhar o desejo de me ajudarem com os Pockets. Naquele momento, agradeci a fidelidade de Deus em prover os recursos humanos necessários e decidi aplicar algo muito importante que aprendi trabalhando na igreja e no mundo corporativo: a importância de comunicar os princípios da organização. Mais importante do que comunicar processos e estratégias era essencial garantir que todo time de voluntários entendia os princípios e expectativas por trás do que estávamos fazendo, porque o princípio é o que motivaria o time a proteger a cultura da organização e a servir com excelência.

Com os voluntários chegando para trabalhar em tempo integral no escritório do Dunamis Pockets, comecei a organizar a função específica de cada um deles, juntamente com o alinhamento das expectativas que tínhamos para toda a organização. Durante o meu período trabalhando para aquela empresa multinacional, pude aprender sobre gerenciamento de pessoas, metas e aumento de produtividade. Com os voluntários sabendo de suas respectivas funções, sonhando junto comigo e recebendo confirmações da parte de Deus para continuarem e serem fiéis ao que lhes havia sido proposto, o Dunamis Pockets decolou.

Quando eu aceitei o convite de voltar a liderar missões universitárias, Deus me prometeu que enviaria toda a provisão que eu necessitasse. E Ele foi fiel. Deus nunca nos enviará para uma nova missão sem nos dar os recursos de que necessitamos, e isto não se limita apenas à provisão financeira, mas, principalmente, a pessoas certas que precisaremos ao nosso lado. Isso porque a visão que realmente vem de Deus não é restrita a apenas uma pessoa, mas se estende a um corpo com diversos membros.

Dessa maneira, conforme a equipe aumentava, os frutos cresciam também. Foi quando, no primeiro semestre de 2014, em menos de um ano à frente dos Pockets, além de já termos superado a meta do ano em mais de 200%, o Reino de Deus estava avançando nas universidades através de mais de 100 Dunamis Pockets pelo Brasil, e, a partir daquele momento, Estados Unidos, Bolívia, Argentina e Portugal. O Senhor estava nos apresentando para as nações e, assim alcançarmos os futuros líderes da sociedade. Lentamente, começamos a entrar nas principais universidades do País e ainda estávamos alcançando outros continentes. Diante da fidelidade de Deus, começamos a perceber que o sonho de alcançarmos as TOP 100 universidades do Brasil, as mais influentes da nação, já não era mais algo tão distante, apesar de, naquele momento, ainda não ser realidade. Nós entendíamos que se quiséssemos aumentar a nossa presença nas universidades mais influentes do País, precisaríamos buscar estratégicas para tal feito. Bem naquele instante, o Senhor falou comigo por meio da Sua Palavra e me mostrou uma das formas mais práticas de conquistarmos aquela promessa que Ele já tinha liberado sobre as nossas vidas. A Palavra de Deus é o melhor manual de instruções para liderarmos algo. Nela, encontramos sabedoria e estratégias eternas para solucionar os desafios que nos deparamos aqui. Quando estava refletindo na vida de Moisés, o Senhor falou comigo sobre duas coisas que Ele entregou para o seu servo enquanto ele liderava uma multidão de mais de dois milhões de pessoas até a Terra Prometida.

O primeiro ponto que Deus compartilhou comigo foi a sabedoria que Moisés tinha e o pedido que Ele fez ao Senhor. Muitos de nós buscamos pelos dons do Espírito para que, de forma mais efetiva, possamos estabelecer salvação na vida daqueles que não conhecem ao Senhor Jesus e também trazer soluções para problemas passageiros. Porém, poucos pedem o dom que Moisés tinha recebido do Senhor, o dom da administração.

> Ora, vocês são o corpo de Cristo, e cada um de vocês, individualmente, é membro desse corpo. Assim, na igreja, Deus estabeleceu primeiramente apóstolos; em segundo lugar, profetas; em terceiro lugar, mestres; depois os que realizam milagres, os que têm dons de curar, os que têm dom de prestar ajuda, os que têm dons de administração. (1 Coríntios 12.27-28 – NVI)

Moisés recebeu o propósito dos Céus para liderar o povo escolhido durante a jornada pelo deserto. Eu não sei se você concorda comigo, mas, para mim, aquilo era um enorme desafio. Sem tecnologia ao seu dispor, redes sociais, uma forma fácil de se comunicar com o povo, Moisés foi desafiado a buscar em Deus uma solução para o seu desafio terreno. Pela graça de Deus, como já sabemos da história, Moisés realizou aquela missão de forma muito bem-sucedida, e a chave para o sucesso foi ele ter recebido uma habilidade sobrenatural para administrar e organizar a multidão. O dom de administração é a habilidade dada por Deus para receber direção e estratégias a fim de tomar decisões em favor de outros para a execução e alcance de metas. A administração inclui a habilidade de organizar pessoas, coisas, informações, finanças, etc. Uma das evidências de que alguém possui este dom é a facilidade de executar coisas de um modo decente e ordenado, conforme 1 Coríntios nos ensina:

Mas tudo deve ser feito com decência e ordem.
(1 Coríntios 14.40)

Muitas pessoas querem liderar multidões, mas para que isso aconteça de modo saudável, precisam executar uma boa gestão do que lhes foi confiado hoje, sendo fiéis em tudo, no pouco ou no muito, através da boa mordomia. Moisés conseguiu liderar um povo, inúmeras famílias, sem ajuda de recursos que hoje temos à disposição, porque ele recebeu do Senhor o dom da administração. Uma das formas que podemos utilizar para comprovar se recebemos ou não o dom de administrar é através dos 3 Es:

EFICIÊNCIA

A capacidade do administrador de obter bons produtos utilizando a menor quantidade de recursos possíveis, como tempo, pessoas, dinheiro e material, denota alta eficiência. Em outras palavras, eficiência é a habilidade de utilizar produtivamente o que Deus nos confia. É fazer mais com menos. É ser produtivo.

EFETIVIDADE

Trata-se da capacidade de fazer aquilo que é certo e necessário para alcançar determinado objetivo. É a habilidade para cumprir com uma meta estabelecida. É realizar o que é proposto. Ser competente.

EXCELÊNCIA

É ser intencional em cumprir com o que é proposto, da melhor forma possível, para alcançar o mais alto desempenho com os melhores recursos disponíveis. É entregar o melhor para alcançar o melhor. É ser apaixonado.

O segundo ponto que o Senhor me trouxe à memória sobre a vida de Moisés foi que ele não foi orgulhoso e buscou conselhos com outras pessoas. A Bíblia deixa muito claro que na multidão de conselhos existe sabedoria (Provérbios 11.14). Moisés entendeu a sua limitação como líder e buscou o conselho e a perspectiva de Jetro, seu sogro, um homem que amava a Deus em primeiro lugar, e que também o amava. No Pockets, para todas as decisões importantes que precisávamos tomar, envolvíamos a liderança do movimento Dunamis. Para nos aconselhar, cada líder atendia os requisitos: 1) amavam a Deus acima de tudo; 2) amavam o Pockets; 3) eram mais experientes na fé; 4) eram autoridades espirituais sobre a vida de muitos. Para tomarmos uma decisão, entendíamos que precisávamos ouvir todos esses conselheiros. Diante de todo esse crescimento, nosso time começou a sentir a necessidade de intensificar ainda mais o contato com os líderes e compreender qual seria a melhor estratégia para coordenarmos com excelência mais de 200 líderes que estavam liderando, em média, de 10 a 15 jovens em seus respectivos Dunamis Pockets. Se somarmos líderes, auxiliares e membros, estávamos falando em mais de 2.000 universitários e, naquele exato momento, no início de 2015, éramos em seis pessoas no escritório dos Pockets trabalhando dia e noite para vermos o Reino de Deus invadindo as universidades.

Sob direcionamento de Deus e dos líderes do Dunamis, começamos a recrutar voluntários para servirem como líderes regionais e criarmos um ciclo sustentável para formação de líderes. A forma como Deus trabalha é linda e sobrenatural. Naquele grupo de líderes regionais, tínhamos jovens que iniciaram sua jornada cristã na faculdade através de um encontro que tiveram com o amor de Jesus e o poder do Espírito Santo durante uma reunião de Dunamis Pockets.

Depois de alguns semestres, tornaram-se auxiliares e, depois de pouco tempo, foram estabelecidos como líderes em seus *campi*. Havia chegado o tempo de assumirem um novo nível de influência. Como líderes regionais, aqueles jovens serviriam como mentores de líderes. Procuramos por jovens universitários que já possuíam o nosso "DNA" e cultura. Para a nossa grata surpresa, o grupo de pessoas que demonstrou maior interesse foram os universitários que já haviam liderado reuniões de Pockets no passado e que, naquela época, estavam sendo "Bíblias" e "sermões" no mercado de trabalho como eu quando estive trabalhando dentro de uma empresa multinacional. Gradualmente, estávamos cumprindo a grande comissão em todos os aspectos. Pregávamos o evangelho a todos os povos que Deus nos levava, e estávamos fazendo discípulos através dos líderes que formávamos. O Reino de Deus estava se expandindo, e era um privilégio poder fazer parte disso.

CAP. 4

ser ou não ser, eis a questão

CÉSAR BIANCO

"Ser ou não ser, eis a questão". Praticamente todo mundo um dia ouviu ou vai ouvir essa frase, que é uma das mais famosas falas da história do teatro e do cinema. Essa é a pergunta que abre o mais icônico monólogo da peça *Hamlet*, escrita por William Shakespeare. Nesse momento da peça, vemos o protagonista da história, o indeciso príncipe Hamlet, questionando-se sobre o valor da sua existência em meio a tantas adversidades e sofrimentos na sua vida. Curiosamente, por mais complexa e filosófica que essa questão possa parecer, na verdade, ela é muito mais simples e comum em nossas vidas do que imaginamos. Talvez você nunca tenha percebido, mas todos nós já nos fizemos essa pergunta de alguma forma: "Será que eu me arrisco ou não me arrisco?"; "Falo ou não falo?"; "Acredito ou não acredito?".

"Ser ou não ser?" é um questionamento sobre posicionar-se ou não diante de desafios; existir ou não existir em uma situação ou ambiente e, em alguns casos, viver ou sobreviver. Muitos cristãos quando começam a sua jornada universitária e ingressam no *campus*, em muitos momentos, deparam-se com essa mesma pergunta existencial, principalmente quando o assunto é posicionar-se em relação à sua fé nesse ambiente: "Ser ou não ser cristão? Eis a questão".

A resposta para essa pergunta não é nenhum mistério. Sim, nós devemos nos posicionar e ser cristãos dentro das universidades porque é o que somos. Porém, não há necessidade de ficarmos falando para todo mundo que pertencemos a Igreja de Cristo, só precisamos ser quem Cristo nos chama para ser, e todos à nossa volta, em algum momento, perceberão que carregamos algo que não é deste mundo, algo que pode mudar suas vidas para sempre. Reconhecer qual é a resposta correta para essa questão é fácil, o ousado mesmo é conseguirmos executá-la na prática. Para isso, é preciso coragem para sair da zona de conforto.

Algo que aprendi durante o tempo em que estive liderando os Pockets é que, apesar de sabermos que devemos nos posicionar, a pressão social e o preconceito religioso que existem dentro das universidades fazem com que tenhamos medo de sermos explícitos quanto à nossa fé. O medo de não sermos socialmente aceitos na universidade por conta do preconceito vindo de professores, alunos e até mesmo colaboradores do ambiente acadêmico, que muitas vezes confundem fé com religiosidade, incita muitos de nós a sermos omissos em nosso cristianismo. Tendemos a nos esconder para nos proteger e nos manter confortáveis, evitando constrangimentos e conflitos que supostamente manchariam a nossa reputação e fechariam portas de oportunidades. Eu não condeno ninguém que tenha feito essa escolha de se esconder em algum momento, porque é algo natural. Por se tratar de um campo missionário que ainda não foi totalmente conquistado para o Reino de Deus, é comum que os cidadãos do Reino enfrentem resistência para se posicionar dentro dele. Contudo, são em situações adversas como essas que colocamos a nossa determinação à prova e amadurecemos nossa fé, crescemos em amor e compaixão por aqueles que ainda não conhecem o nosso Senhor e, por fim, adquirimos uma consciência maior sobre quem somos e qual é a nossa missão. O problema não é termos pessoas que optaram por se omitir em algum momento, porque precisamos também discernir os tempos, inclusive o nosso. O verdadeiro problema é termos jovens que se acomodam na escolha de não serem quem são por preferirem correr atrás de uma identidade que seja melhor aceita dentro do *campus*.

    Cristo nos ensinou que nós somos a luz do mundo, e que não podemos nos conformar em sermos como "uma candeia debaixo de uma vasilha", muito menos permitir que o que carregamos seja apagado. O Senhor diz em sua Palavra que nós somos como uma candeia que é acessa para ser colocada em um lugar à vista para que todos sejam iluminados por sua luz. Quando se acende uma luz, aquilo que não se podia ver passa a ser visível porque as trevas vão embora. A cultura do Reino de Deus é a luz que todo cristão carrega dentro de si e que contrasta com a cultura deste mundo. E da mesma forma que a luz faz com que a escuridão perca território e suma, o Reino que carregamos, expresso através de nossas vidas com o poder sobrenatural do Espírito Santo, o amor de Cristo e a verdade da Palavra, faz com que a cultura corrompida do mundo perca a influência e desapareça. No entanto, as trevas só podem sumir definitivamente se mantivermos a nossa luz acessa e a posicionarmos em lugar de visibilidade. Um lugar onde todos possam ver, assim como Jesus nos alerta. Quando tomamos a decisão de nos tornarmos visíveis, agindo de acordo com os padrões do Reino, estamos nos posicionando para vivermos o que a Bíblia nos diz em Romanos 14.17:

> Porquanto o Reino de Deus não é comida nem bebida, mas justiça, paz e alegria no Espírito Santo. Nossas obras começarão a refletir PAZ, JUSTIÇA e ALEGRIA no Espírito Santo. (Destaques feitos pelo autor)

Nossas atitudes serão respaldadas por essas verdades e levaremos paz para os que enfrentam adversidades, levaremos justiça para os que precisam, e seremos o povo mais alegre da Terra. Mesmo quando as barreiras se levantarem diante de nós, o mundo verá a luz de Cristo brilhando em nós e através de nós. Mesmo que o mar não se abra diante dos nossos olhos, ainda teremos a opção de andar sobre as águas. Sempre há uma saída; sempre podemos refletir as maravilhosas verdades contidas nesse versículo.

Como um líder missionário que queria conquistar as universidades para expandir o território do Reino de Deus e a visão do Dunamis Pockets, aprendi muito sobre a importância de me posicionar estrategicamente dentro do campus universitário e trabalhar com aquilo já tinha em minhas mãos.

Durante o primeiro ano que liderei os Pockets, eu estava cuidando de jovens universitários ao mesmo tempo em que eu mesmo estava aprendendo a abrir um Pocket na Universidade Paulista de São Paulo (Unip). Curiosamente, antes mesmo de eu começar a me envolver com missões universitárias e voltar a estudar, o meu pai havia começado a empreender depois que perdeu o seu emprego. Ele decidiu abrir uma lanchonete dentro de um dos *campi* da Unip e me chamou para trabalhar com ele. Com isso, eu tinha contato não apenas com meus colegas de sala e professores, mas com praticamente todos os estudantes e mestres de todos os demais cursos, além dos funcionários da Universidade. A nossa lanchonete estava localizada em um ponto estratégico dentro do *campus*, o que permitia que atendêssemos a demanda de mais de 50 salas de aula com aproximadamente dois mil estudantes por dia. E o mais impressionante é que essa lanchonete foi o primeiro lugar onde eu pude começar a me posicionar como cristão e manifestar o sobrenatural dentro da Universidade, porque muitos jovens encontravam naquele espaço de comunhão um lugar para compartilhar suas histórias e problemas emocionais e físicos. A lanchonete era como um confessionário para os universitários. Muita gente começava a conversar comigo e, de repente, se sentia à vontade para contar sobre um problema pessoal, uma dor que estava sentindo ou mesmo para pedir um remédio. E era nesse momento que eu começava a ser intencional em ouvi-las, amá-las e a perguntar se poderia orar por elas. Por dezenas de vezes, jovens que nem sequer conheciam a Jesus apareciam na lanchonete e aceitavam receber oração antes de tentar tomar algum analgésico para suas dores.

Certa vez, quando o nosso expediente de trabalho já havia começado e eu estava atendendo as pessoas como normalmente fazia, um jovem muito abalado chegou ao balcão de atendimento. Era nítido em sua face que ele não estava bem, e, como de costume, perguntei-lhe:

— Olá tudo bem? Como posso te ajudar?

— Tudo péssimo, não sei se hoje você poderá me ajudar, não. O que eu preciso é de uma cura. Estou com dor de cabeça o dia todo, não consegui trabalhar direito em meu emprego e tenho prova para fazer daqui a 30 minutos. Minha vida está um caos hoje! Gostaria de sumir daqui ou ser um avestruz para me esconder.

Naquele momento, pensando alto, acabei soltando a seguinte frase:

— UAU! Que bom que você se sente assim, pois eu creio que tenho uma ótima solução para você e para o seu problema!

Imediatamente, pedi para um outro funcionário assumir o meu posto, pois precisaria me ausentar por uns minutos para cuidar dos negócios do meu Pai. Chamei aquele jovem para a lateral do estabelecimento, sentamos em uma mesa e perguntei para ele: "Posso orar por você? Eu creio que essa dor de cabeça pode ir embora tão rápido quanto ela chegou. Se você permitir, posso orar agora e Jesus vai aliviar toda a sua dor e os sentimentos negativos que você tem sentido".

Ele permitiu que eu orasse e, depois de alguns minutos, ele estava 100% curado, a dor de cabeça tinha ido embora. Naquele instante, ele virou para mim com um olhar um pouco desconfiado e perguntou:

— O que você fez? Onde foi parar a dor de cabeça? Meu Deus, eu não sinto mais nada! Como isso pode ser verdade? Eu não tomei nenhum remédio e agora não tenho mais dor!.

Eu disse para ele que tinha sido Jesus que o havia curado de sua dor de cabeça e, assim como Ele havia feito isso, também queria tirar os sentimentos de angústia que o rondavam para trazer paz ao seu coração. Na mesma hora, ele respondeu:

— Então ora logo por mim, pois eu tenho que fazer prova em 10 minutos, e se Ele me curou da dor de cabeça, com certeza pode me curar desses sentimentos! Ore por mim, rápido!

Orei por ele, e depois de segundos, ele começou a rir e a sentir uma alegria enorme dentro dele:

— UAU! Que incrível! Eu não sinto mais aquela angústia! Não quero mais me esconder, eu quero é falar desse Jesus que me curou. Como eu posso fazer isso?

Rapidamente, eu lhe apresentei o plano da salvação, e ele, naquele mesmo instante, tomou a decisão de aceitar

Jesus como seu Senhor e Salvador. Em seguida, disse-lhe que poderíamos conversar mais sobre Jesus quando ele quisesse. Bastava ele aparecer na lanchonete antes das aulas, que conversaríamos mais a fundo sobre o assunto. E, para a minha surpresa, não é que ele apareceu mesmo!? Depois do dia em que nos conhecemos, todas as semanas ele chegava mais cedo e eu tive a oportunidade de ajudá-lo nos seus primeiros passos como cristão, auxiliando-o a encontrar uma igreja onde pudesse congregar e ser pastoreado. Recentemente, descobri que ele continua firme nos caminhos do Senhor e que tem falado do amor de Cristo para muitas pessoas.

  Naquela época, entretanto, nem todos deixavam a praça de alimentação com desejo de conhecer Jesus, ou mesmo 100% curados, mas, todos, com certeza, partiam e iam embora se sentindo mais amados, o que fazia com que voltassem mais vezes. E isso foi o que me encorajou a me posicionar de forma mais ousada e tentar abrir um Pocket na praça de alimentação da minha universidade. No começo, confesso que foi bem difícil. Por meses, eu começava e terminava a reunião sozinho, com o segurança da Universidade me olhando com uma cara confusa. Em contrapartida, travava batalhas internas comigo, porque a realidade que eu via com os meus olhos não era a realidade que Deus tinha para mim e para minha universidade. Foi uma fase onde todos os dias eu tinha de me olhar no espelho e escolher correr uma milha a mais e acreditar na fidelidade de Deus. Surpreendentemente, nessa mesma fase, eu recebia inúmeras ligações de jovens líderes de Pockets que estavam passando pelas mesmas dificuldades que eu. E foi naquele momento que eu entendi que o romper sobrenatural que o Senhor queria trazer para mim individualmente também serviria como um romper coletivo para dezenas de líderes ao redor do Brasil. Eu não tinha o direito de desistir. Eu decidi esperar até alcançar o romper. Aumentei a minha intensidade de jejum, oração e, principalmente, passos de fé para amar e orar por pessoas dentro do *campus*. Logo, em questão de um semestre, a minha reunião, que começou apenas comigo, tornou-se um ajuntamento com mais de 40 jovens semanalmente na praça de alimentação. Deus honrou a Sua palavra e a minha fidelidade ao permanecer. Não foi uma fase fácil, porque durante um bom tempo eu estava diante de uma promessa de Deus para a minha vida que parecia muito mais espiritual do que natural. Era a promessa que eu iria liderar jovens e expandir o Reino, mas os meus olhos contemplavam apenas uma mesa e o refeitório vazio. Entretanto, Deus sempre esteve ali comigo, Ele nunca faltou ou se atrasou. Ele sempre se fez presente, e assim como a Bíblia diz em Isaías 55.11:

> A palavra de Deus nunca volta vazia, antes ela cumpre o propósito pela qual ela foi enviada.

Eu pude experimentar esse versículo se tornando realidade no Pocket que eu mesmo liderava. Devemos persistir nas palavras que Deus liberou sobre nossas vidas, pois elas não voltam vazias. Deus libera palavras sobre nós para que elas sejam cumpridas e, em alguns momentos, precisaremos de resiliência e perseverança. Lembre-se das palavras do Senhor para Josué antes de ele conquistar a terra prometida:

Esforça-te e sê corajoso. (Josué 1.9)

O Senhor nos convida para sempre nos esforçamos e sermos mais corajosos confiando em Sua Palavra. Ela é a verdade absoluta em nossas vidas.

Todas as semanas, pessoas de diferentes cursos, e até crenças, vinham participar de nossas reuniões que eram regadas de intenso momento de adoração, ministração da Palavra e manifestação do poder sobrenatural do Espírito Santo. Nosso Pocket acabou chamando tanta atenção, que fomos "convidados" a procurar outro lugar para as nossas reuniões, já que, segundo eles, estávamos começando a tumultuar o *campus*. Felizmente, conseguimos outro espaço para expandir o que tínhamos começado, e que, mesmo em tão pouco tempo, já havia gerado muitos frutos.

Diante dessa experiência, percebo o quanto o nosso posicionamento para ser quem Deus nos chamou a ser teve a Sua resposta, pois Ele nos respaldou com influência e com a manifestação do sobrenatural, assim como aconteceu com Daniel na Babilônia.

Através do testemunho de vida de Daniel, enxergamos quais são os desafios e frutos na vida de um cidadão dos Céus que se posiciona na sociedade. Daniel foi fiel e não deixou nada abalar a sua fé e adoração ao Senhor, mesmo sendo prisioneiro de guerra dentro de um império que era símbolo de degradação moral, idolatria e confusão. De acordo com os registros históricos da Bíblia no livro de Daniel, este profeta foi um jovem príncipe judeu que, após a conquista de Jerusalém pelo Império Babilônico durante a rebelião da nação de Judá, foi levado como prisioneiro junto a outros membros da realeza para a Babilônia. Durante esse processo de dominação, ele e outros príncipes foram castrados pelos babilônicos como uma forma de desencorajar e humilhar o povo dominado. Além disso, depois de levar todos os tesouros do Templo de Jerusalém para o templo do deus pagão da Babilônia, o imperador Nabucodonosor ordenou ao chefe dos seus eunucos que escolhesse, entre os prisioneiros israelitas, jovens da família real e da nobreza para servi-lo na corte do império como mais uma forma de humilhação. Daniel e outros príncipes foram escolhidos entre os prisioneiros e, como mais um violento ataque a suas identidades, tiveram seus nomes trocados por nomes babilônicos e foram forçados a ignorar a cultura do seu povo para aprender a cultura do império. Daniel tinha todos os motivos para escolher "não ser" quem Deus o havia chamado para ser. Ele havia perdido sua casa, sua posição de realeza, o símbolo de sua hombridade e até seu nome para servir uma nação que não acreditava no seu Deus. Quantos de nós não desistimos de "ser" quem Deus nos chama a ser em casa, na universidade e no trabalho por muito menos? No momento mais triste e confuso de toda sua vida, o jovem Daniel estava diante dos mesmos dilemas que eu e você enfrentamos hoje: "Ser ou não ser; crer ou não crer; posicionar-se ou não se posicionar; viver ou sobreviver?".

Mas, como sabemos muito bem, a história pertence aos que escolhem ser. Não haveria um livro de Daniel nem estaríamos falando sobre ele, se este não tivesse sido corajoso e fiel a Deus para se posicionar. Imagine quantos livros podem ser escritos se todos os cristãos se posicionarem como Daniel diante das adversidades? Quantas almas podem ser alcançadas se nos posicionarmos diariamente diante das oportunidades? Quantos milagres não seriam testemunhados se nos movermos com coragem, ousadia e confiança na Palavra de Deus sobre as nossas vidas?

Eu creio que uma geração como Daniel está sendo levantada para refletir a luz de Cristo e revelar o amor do Pai nos quatro cantos da Terra. Assim como o livro de Daniel foi escrito porque ele não desistiu nem abriu mão de ser fiel a Deus, eu creio que você, que está lendo este livro agora, faz parte dessa geração que se persistir até o final fará com que Reino de Deus cresça e seja expandido, marcando a nossa geração.

Muito do que Daniel sofreu não pôde ser evitado, mas ele não pensou duas vezes diante da primeira oportunidade de se posicionar para defender sua identidade e sua fé. Uma das primeiras decisões que vemos o jovem profeta tomar pode parecer pequena diante de tantas injustiças que ele sofreu, mas ele foi fiel com o que estava em suas mãos. Após ter escolhido os prisioneiros que o serviriam na corte, o imperador determinou que fossem servidas aos jovens capturados as mesmas iguarias que eram servidas no banquete real da corte pagã. Porém, Daniel propôs em seu coração não se contaminar com a porção das iguarias do rei, nem com o vinho que ele bebia (Daniel 1.8). Diante daquela posição, que foi tomada primeiro em seu coração, Daniel decidiu conversar com o chefe dos eunucos, que, pela intervenção de Deus, agiu com bondade permitindo que ele não precisasse comer do banquete. Inicialmente, foi feito um acordo para que durante dez dias fosse servido a Daniel e aos seus três amigos, Hananias, Mizael e Azarias, apenas legumes e água. Ao final dos dez dias, eles seriam examinados e comparados com os demais jovens que estavam se banqueteando com as iguarias do palácio. Após o período predeterminado, Daniel e seus amigos estavam com aspecto mais saudável do que qualquer outro jovem. Com uma estratégia sutil, porém inspirada por Deus, Daniel honrou ao Senhor posicionando-se e, ao mesmo tempo, trazendo mais credibilidade para si e seus amigos diante do imperador.

 A Bíblia nos conta que Deus concedeu a esses quatro jovens conhecimento, inteligência em todas as letras e sabedoria, mas a Daniel deu também entendimento em toda visão e sonhos. Quantas vezes, nós não deixamos de nos posicionar em coisas simples a respeito da nossa fé, por medo de julgamentos ou por achar que estamos em um ambiente imoral demais para Deus entrar? Daniel tinha todos os motivos para se omitir, evitar conflitos e comer dos melhores manjares da corte real, mas ele escolheu não alimentar sua carne com aquilo que alimentava a carne do imperador. Ao se posicionar sobre seus hábitos alimentares, ele, de maneira profética, estava declarando que era separado para Deus, independentemente do ambiente que estava ou da tragédia que tivesse passado. O Senhor é um Deus justo, que jamais permitiria que um servo com tanta coragem fosse envergonhado. Quando o período de treinamento determinado por Nabucodonosor terminou, os jovens foram conduzidos à presença do rei. A Bíblia diz que, na ocasião, não foram achados outros jovens tão capazes como Daniel, Hananias, Misael e Azarias, fazendo com que eles passassem a servir diretamente ao rei. Suas capacidades pessoais bem desenvolvidas lhes abriram portas diante do rei, que lhes fez várias perguntas sobre todos os assuntos nos quais se exigia conhecimento e sabedoria, e Daniel e seus amigos se mostraram dez vezes mais sábios do que todos os magos e encantadores do Império Babilônico. O profeta Daniel ganhou reputação ao interpretar os sonhos do imperador Nabucodonosor, porém com o passar das décadas servindo a Deus dentro da Babilônia, ele e seus compatriotas colecionaram inúmeras histórias sobrenaturais que contribuíram para que imperadores reconhecessem a soberania e o poder de Deus sobre qualquer reino deste mundo. Por diversas vezes, do início ao fim do livro de Daniel, vemos o Senhor salvando o profeta e seus amigos da morte e os capacitando para solucionar mistérios, problemas do dia a dia, aconselhar com sabedoria e gerar riqueza dentro do campo missionário que estavam inseridos.

Posicionar-se sabendo discernir a hora certa de confrontar uma cultura que vai contra o Reino de Deus foi a chave para Daniel começar a converter uma nação inteira de dentro para fora. O príncipe judeu que entrou na Babilônia sendo humilhado, com o tempo, veio a se tornar o orgulho dos imperadores da nação e, consequentemente, mudou a cultura daquela sociedade para a glória de Deus. Daniel foi uma pessoa íntegra e justa, temente a Deus acima de qualquer coisa. Ele nunca aceitou se corromper, por maior que fosse o tesouro que lhe oferecessem. Daniel era fiel a Deus mesmo que isso fosse custar a sua vida.

Nós podemos viver esse estilo de vida sobrenatural em nosso dia a dia e em nossas universidades hoje! Talvez você seja um jovem cristão, um cidadão do Reino dos Céus como Daniel, que está entrando em um território novo e estranho como um *campus* universitário. Talvez esteja enfrentando resistência e até preconceito por conta de suas crenças e cultura, e não tem problema. Como mencionei anteriormente, resistência é um bom sinal, porque significa que estamos conquistando espaço. Tenha bom ânimo! Você está chamando a atenção porque os valores que carrega representam uma ameaça ao [1]*status quo* daquele ambiente. Você é um símbolo de resistência e revolução, assim como o profeta Daniel foi, e tudo o que você precisa fazer é, aos poucos, posicionar-se com sabedoria, fazendo com que a sua opinião, voz e caráter sejam reconhecidos por aqueles que

---

[1] Expressão que significa manter o cenário atual, situação ou condição.

estão à sua volta. Primeiramente, por Deus e por você, e depois por aqueles que te cercam. Assim como o jovem profeta, temos total respaldo do Céu para transformar o coração dos reis deste mundo quando escolhemos nos posicionar e representar o Rei dos reis. Entre as várias lições que aprendemos ao lermos o livro de Daniel, podemos perceber que, quando nos posicionamos no natural, Deus nos respalda com o sobrenatural. Quando ele e seus amigos tomaram a decisão, primeiro em seus corações depois em suas atitudes, de não se contaminarem com os alimentos servidos ao rei, eles estavam se posicionando de forma natural, ou seja, era o que estava ao seu alcance fazer. Após esse posicionamento, vemos que eles foram respaldados no sobrenatural, quando proteção, libertação, autoridade e poder foram confiados a eles de uma forma que somente Deus poderia fazer.

Hoje em dia, nos centros acadêmicos, muitas pessoas estão sendo levantadas, da mesmo forma que Daniel, para mudarem as diversas áreas de influência em nossa sociedade. Você faz parte de uma geração levantada por Deus para mudar, entre outras áreas, a nossa Economia, Política, Educação, Saúde, Artes e Entretenimento, Negócios. Precisamos manter nossa fé confiante na Palavra que Deus liberou sobre nós, persistir diante das adversidades para, então, provarmos do sobrenatural de Deus, que nos impulsiona para a conclusão de Suas palavras já liberadas sobre nossas vidas.

O Dunamis Pockets tem como objetivo levantar os futuros líderes da nossa sociedade que irão influenciar com os padrões e princípios do Reino de Deus, causando um impacto incalculável na expansão do Reino, cumprindo com a palavra de 1 Coríntios 2.9:

> É como está escrito: Coisas que os olhos não viram, nem os ouvidos ouviram, nem o coração humano imaginou, tais são os bens que Deus tem preparado para aqueles que o amam.

Certa vez, durante o momento de louvor e adoração em uma das reuniões do Pockets em uma universidade na cidade de São Paulo, testemunhamos Deus trazer um sinal sobrenatural, que nunca tínhamos visto antes, e que confirmou que Ele estava conosco naquele *campus*. Estávamos todos em uma sala fechada e a presença de Deus era tão intensa em meio aos louvores, que parecia tangível. Era como se uma massa de alegria e poder estivessem envolvendo as pessoas. A cada música que cantávamos, essa alegria e poder de Deus só aumentavam. Aquele momento estava sendo tão precioso que o líder de Pockets que pregaria naquela reunião decidiu esperar mais alguns minutos e honrar a presença de Deus ali. Aqueles poucos minutos passaram e nada do louvor parar. Por mais 20 minutos ficamos ali. Algumas pessoas tinham sido derrubadas pela unção e ficaram deitadas, outras estavam ajoelhadas em prantos, enquanto outros líderes começaram a ministrar palavras proféticas e orações de cura. O tempo passou em um piscar de olhos, e quando me dei conta já estávamos perto do final do encontro sem ter ouvido a Palavra ou aberto a Bíblia.

Tínhamos nos posicionado para que Espírito Santo tivesse total liberdade e controle da reunião. Não consigo explicar com minhas palavras o que estávamos sentindo naquele momento. Ao final de tudo, aproximei-me do rapaz que estava ministrando o louvor e percebi algo estranho sobre um de seus ombros. Havia uma pena branca muito linda repousada sobre ele. Comecei a procurar algo que justificasse a aparição daquela pena, porque durante o tempo em que estivemos ali, a sala estava fechada. Não havia janelas nem portas abertas, e estávamos com o ar-condicionado ligado. Uma pessoa pensou que era uma pena de pomba, mas eu pensei: "Estamos em sete pessoas aqui. Se tivesse sido uma pomba, pelo menos um de nós teria visto ela voando". Continuei a procura, intrigado e curioso para saber de onde ela tinha vindo. Fiquei parado por alguns instantes até que ouvi o Espírito Santo falando ao meu coração que aquela era a pena de um anjo que havia estado junto conosco durante toda aquela reunião. Ele me disse que aquilo era algo que estava disponível para todos os que estavam se colocando à disposição para ser sal e luz naquele *campus*.

    Deus quer nos dar muito mais do que encontros sobrenaturais. Ele deseja manifestar a realidade do Céu na Terra. Essa foi uma visitação sobrenatural importantíssima para aquele grupo. Depois disso, eles foram cheios de ousadia e começaram a orar por todos os tipos de pessoas que encontravam dentro da Universidade.

    É importante dizer que existem, basicamente, dois grupos de pessoas que podemos encontrar nas universidades uma vez que nos comprometemos a ter o *campus* como nosso campo missionário. O primeiro grupo é o das **pessoas não convertidas ao cristianismo**. Esse grupo é composto, em sua maioria, de todos aqueles que não creem na existência de Deus ou que estão comprometidas com outra religião ou credo. Exemplo: ateísmo, budismo, islamismo, judaísmo, candomblé, espiritismo, etc. Com esse grupo, precisamos nos relacionar sempre com muita empatia, sabedoria e demonstrações do poder e amor de Deus. Uma vez que estamos nos relacionando com pessoas que possuem crenças, histórias e valores divergentes dos nossos, é inevitável que experimentemos conflito e desconforto em algum momento com elas. Porém, devemos sempre prezar por tratá-las como criaturas de Deus, honrando e amando cada um delas, independentemente do que elas creem ou fazem naquele momento de suas vidas. Nossa missão é apresentar-lhes a Cristo e Seu evangelho de amor e verdade através da Palavra e do poder do Espírito Santo. É importante lembrar que não somos nós os responsáveis por converter os outros. Essa não é a nossa missão, mas do Espírito Santo. Ele é quem convence o mundo do pecado, da justiça e do juízo (João 16.8). A nossa responsabilidade é sermos testemunhas e pregar o Evangelho através de nossas atitudes e palavras. Aqui, vale lembrar também que uma das ferramentas que podemos usar para nos aproximarmos das pessoas é o nosso conhecimento. Por muito tempo, a Igreja brasileira desprezou o enriquecimento através dos estudos, inclusive, bíblicos. Com isso, criou-se uma cultura doente, que reforçava o vitimismo e a preguiça como se fossem simplicidade e humildade, abafando, na verdade, a falta de dedicação e o investimento no conhecimento. Daniel e seus amigos também se destacaram nessa área, e não só isso, como também ganharam o respeito e a confiança dos reis por esse motivo. Estudar e sermos excelentes também é um ato de honra a Deus, e pode ser o fator decisivo para conquistarmos alguém que, por vias normais, nunca daria abertura para o Evangelho.

O segundo grupo que podemos ter contato é o dos **cristãos**. Contudo, esse grupo é tão grande que é preciso ser dividido em subgrupos:

Os agentes secretos: Como comentei, dentro das universidades temos uma grande parcela de jovens cristãos que escondem sua fé por medo ou vergonha. Esse tipo de cristão é aquele universitário que parece um agente secreto. É aquele amigo ou professor que você nunca imaginaria que é cristão, porque suas atitudes não dizem isso ou porque ele nunca se posicionou como um discípulo de Cristo. Ele fica em dúvida sobre qual caminho seguir, já que entrou na faculdade/trabalho e tem um mundo de opções para se divertir e ter prazer. São inúmeras as escolhas que ele passa a ter, agora que encontrou um mundo diferente, que proporciona prazeres momentâneos. Porém, como missionários dentro da universidade, não podemos julgar esses irmãos na fé. Muitos deles estão em um processo de vencer o medo dos homens e a insegurança para alcançar maturidade em sua fé. Alguns deles até desejam transformar a sociedade e expandir o Reino de Deus, mas não sabem como, e aguardam alguém que se posicione por eles. É nossa responsabilidade como cristãos mais maduros na fé estender a graça de Deus para essas pessoas e convidá-las a fazerem parte do mover de Deus, expressando por meio de suas atitudes a decisão que tomaram de seguirem a Cristo. Diante disso, veremos o amor e o poder de Deus invadindo os centros acadêmicos. Essas são pessoas ideais para cuidarmos e ajudarmos no seu desenvolvimento como discípulos de Jesus. Devemos conduzi-las com muito amor e sabedoria para que elas firmem suas identidades em Cristo e saibam quem elas realmente são em Deus. Elas precisam sair edificadas depois de suas conversas conosco. Elas precisam sair com fome e sede de Deus. Esse é o nosso papel: estimular essas vidas para que se firmem e Deus possa construir algo novo em suas vidas e através delas.

Os desviados: Esse é um grupo de pessoas que já conhecem a Cristo, mas em algum momento de suas vidas se frustraram com Deus ou igreja e optaram por abandonar os caminhos do Senhor. São pessoas que podem ter sido machucadas em seus relacionamentos dentro da igreja, como no namoro, com os colegas ou até mesmo com seus líderes. Elas também podem ter entrado em um estilo de vida de "agente secreto" e, eventualmente, terem optado por abrir mão de sua fé para abraçar os prazeres do mundo. Existem muitos outros fatores que podem influenciar as pessoas a abandonarem a fé. Não é o nosso papel criticar, julgar ou acusá-las. O inimigo já faz esse papel na vida delas. Nossa missão é trazer à memória o primeiro Amor e aquilo que traz esperança. Devemos estimular essas pessoas a voltarem para os caminhos do Senhor demonstrando o quanto Deus as ama. Elas sempre estão abertas para serem tocadas pelo poder sobrenatural de Deus, pois já tiveram experiência com o nosso Deus. O toque sobrenatural, muitas vezes, será o estopim para uma restauração da fé e paixão por Cristo. Talvez esse processo leve certo tempo, até que elas se sintam confiantes em se abrirem conosco para depois se abrirem para o Espírito Santo e, consequentemente, voltarem para os braços do Pai. Com certeza, existe uma festa no Céu sempre que alguém retorna para Jesus, assim como quando alguém entrega sua vida para Ele. Você é a pessoa que Deus quer usar para resgatar muitas vidas em diversos lugares.

Os entusiastas: Esse é um grupo mais fácil de se relacionar e trabalhar, pois eles estão engajados na visão de Deus para a expansão do Reino. São pessoas que desejam fazer parte de algo que vai transformar não apenas suas vidas, mas a de todos que se abrirem para conhecer a Deus e Seu poder. Geralmente, são aqueles que estão sendo impactadas pelo mover de Deus e querem levar isso para os outros também. O nosso papel é ajudá-los no seu crescimento espiritual, profissional, acadêmico e emocional, na medida do possível.

A Bíblia afirma que toda a criação aguarda ansiosamente pela manifestação dos filhos de Deus (Romanos 8.19), que, nesse caso, somos nós. Todos à nossa volta estão esperando, consciente ou inconscientemente, que manifestemos a natureza e os valores do Reino de Deus aqui para transformar a sociedade, assim como Daniel fez na Babilônia. Nós podemos influenciar o futuro de nações. Basta escolhermos nos posicionar com ousadia, fé e obediência. Ser ou não ser um cidadão do Reino na minha universidade? Ser ou não ser a manifestação que o mundo aguarda? Ser ou não ser a resposta de oração dos universitários do meu *campus*? Você já sabe a resposta. Apenas seja.

CAP. 5

trabalho individual ou em grupo?

FELIPPE BORGES

"Professor, o trabalho é individual ou em grupo?" Quem nunca ouviu ou fez essa pergunta durante uma aula? Em minha opinião, é observando as reações dos alunos logo após essa pergunta que passamos a conhecer muito mais sobre cada um deles. Isso porque, quando esses momentos acontecem, é nítido perceber quem não sabe trabalhar em conjunto, quem é folgado e quer se escorar nos outros, quem gosta de trabalhar em grupo e quem são os líderes natos.

Seja como for, uma coisa é fato, quando precisamos realizar um projeto importante, individualmente ou em grupo, que garantirá o futuro da nossa vida acadêmica, essa é a oportunidade que temos para descobrir em quem podemos confiar e quão confiáveis nós somos. Nessa hora, tomamos conhecimento de quem está interessado em construir projetos em parceria e quem está apenas interessado em se apoiar em você ou em suas próprias forças. Digo isso, porque, geralmente, as tarefas universitárias tendem a ser convites para trabalhos coletivos, salvo algumas exceções, e essas atividades em grupo visam desenvolver um tipo de competência social que é determinante para nosso sucesso individual na sociedade: a inteligência interpessoal. Essa inteligência corresponde a capacidade de nos relacionarmos com o próximo, entendendo e reagindo de maneira saudável aos seus desejos, temperamentos, ideias, valores, interesses e motivações. Em outras palavras, é a capacidade de ser "gente boa".

Eu me recordo que sempre que tínhamos um projeto na faculdade, os nossos professores nos incentivavam a trabalhar em grupo, em vez de individualmente, justamente para que quando saíssemos da universidade soubéssemos trabalhar com outras pessoas para alcançarmos o sucesso profissional. Graças a esse estímulo por parte deles, aprendi muito sobre a importância do trabalho em equipe e como, muitas vezes, por mais capazes que sejamos, não conseguimos fazer tudo sozinhos. Ainda mais se estamos trabalhando para algo que é maior do que nós mesmos. Contudo, o mais interessante é que, quando trabalhamos em um projeto ou sonho gigante, todos temos espaço para crescer e sermos bem-sucedidos individualmente dentro dele. Assim como existem trabalhos grandes demais para dependerem de um único aluno ou profissional, Deus tem um sonho que é muito gigante para ser cumprido por uma só pessoa: a Grande Comissão. Dentro desse sonho colossal, há espaço para todos crescermos e vivermos os nossos chamados.

Uma das perguntas mais frequentes que escuto de jovens universitários e profissionais que tenho acompanhado e discipulado ao longo dos anos é: "Fê, eu não sei qual é o meu chamado. Como eu descubro?". Tenho certeza de que um dia você já se pegou fazendo essa mesma pergunta ou já escutou alguém expressando tal frustração. Acontece que o segredo para descobrir o seu chamado está no sonho da Grande Comissão.

Diante disso, é de extrema importância deixar claro que todos nós, independentemente dos dons, habilidades, talentos ou história de vida, fomos chamados por Deus para uma tarefa específica aqui na Terra, um projeto que é, ao mesmo tempo, em grupo e individual. E esse chamado é uma comissão para todos os cristãos. Então, antes de cair em frustração por talvez ainda não saber o seu chamado específico, certifique-se de que está cumprindo a Grande Comissão, porque ela é o seu chamado coletivo como parte da Igreja de Cristo. Assim como temos mestres na universidade, temos um Mestre em nossas vidas, e seu nome é Jesus Cristo. Quando O aceitamos como nosso Senhor e Salvador, nós nos tornamos Seus discípulos, aqueles que seguem Suas palavras e Seus ensinamentos. Antes de ascender aos Céus, o nosso Mestre nos deixou as instruções para o que seria o nosso Trabalho de Conclusão de Curso (TCC) como discípulos. Essas orientações estão descritas nos evangelhos de Mateus e de Marcos, e é muito importante entendermos essa sequência, a fim de conseguirmos diferenciar o que seria o nosso chamado coletivo e o nosso chamado específico.

E, chegando-se Jesus, falou-lhes, dizendo: É-me dado todo o poder no céu e na terra. Portanto ide, fazei discípulos de todas as nações, batizando-os em nome do Pai, e do Filho, e do Espírito Santo; Ensinando-os a guardar todas as coisas que eu vos tenho mandado; e eis que eu estou convosco todos os dias, até a consumação dos séculos. Amém. (Mateus 28.18-20)

E disse-lhes: Ide por todo o mundo, pregai o evangelho a toda criatura. Quem crer e for batizado será salvo; mas quem não crer será condenado. E estes sinais seguirão aos que crerem: Em meu nome expulsarão os demônios; falarão novas línguas; pegarão nas serpentes; e, se beberem alguma coisa mortífera, não lhes fará dano algum; e porão as mãos sobre os enfermos, e os curarão. Ora, o Senhor, depois de lhes ter falado, foi recebido no céu, e assentou-se à direita de Deus. (Marcos 16.15-19)

O chamado coletivo de cada cristão são as últimas palavras do Mestre: a Grande Comissão. Todos nós, sem exceções, somos convocados a pregar o evangelho a todas as pessoas, fazer discípulos e manifestar o poder sobrenatural dos Céus na Terra. Nosso chamado coletivo é o nosso primeiro chamado, e ele se resume em nos esforçamos para sermos imitadores de Jesus Cristo. Em João 4.12-14 diz que nós somos chamados para realizar obras maiores do que as que Ele fez aqui. A marca do início do ministério de Cristo na Terra foi o milagre da transformação da água em vinho durante um casamento, logo depois, como descrito no livro de João,

Jesus cura os enfermos, multiplica cinco pães e dois peixes para alimentar uma multidão, liberta os cativos e ressuscita Lázaro. Ao lermos os evangelhos, conseguimos condensar todas as obras que Jesus realizou em quatro pontos: Ele pregou o Evangelho, ensinou acerca do Reino, curou os enfermos e libertou os cativos. A fé n'Ele irá ativar o nosso chamado coletivo aqui na Terra e nos fará viver as mesmas obras que Ele viveu. Se crermos n'Ele, os sinais irão nos acompanhar aonde formos, e Sua autoridade estará sobre as nossas vidas, como diz em Marcos.

> E estes sinais seguirão aos que crerem. (Marcos 16.17)

A partir do momento em que nós cremos n'Ele e Ele se torna o nosso Senhor, Suas palavras carregam poder e autoridade em nossas vidas, e como discípulos, passamos a representá--lO e temos o encargo de obedecer Seus mandamentos. Logo após cumprir Seu chamado específico – libertar a humanidade do pecado e restaurar o nosso relacionamento com o Pai –, o Mestre reúne os seus discípulos para orientá-los sobre o que deveriam fazer até à Sua volta. Uma das coisas que eu mais amo em relação ao comissionamento de Jesus é que Ele já nos envia com todos os recursos, autoridade e unção que necessitamos. Ele nos confere a autoridade do Seu nome, Sua identidade de filho, para termos livre acesso ao trono do Pai e ao poder do Seu Espírito. Ele já nos deu toda provisão ao se dar por nós na cruz. Toda a nossa provisão está n'Ele. Não importa se você é um adolescente, jovem universitário, pai de família, advogado, médico, publicitário, atleta, independentemente de qual seja a sua atuação específica na sociedade, você tem tudo o que precisa para cumprir o chamado coletivo.

A Palavra de Deus é muito específica em relação à Grande Comissão, Jesus não está comissionando apenas aqueles que foram ordenados pastores, presbíteros, diáconos ou qualquer pessoa que tenha uma posição de prestígio dentro da Igreja ou na sociedade, mas sim todos aqueles que creem n'Ele. A Bíblia relata em Atos 4.13 que Pedro e João eram homens comuns e sem instrução, porém entenderam todos os ensinamentos de Jesus Cristo e, debaixo da ousadia do Espírito Santo, realizaram feitos extraordinários.

Quando entrevistamos os futuros líderes de encontros do Dunamis Pockets, jovens universitários que possuem um clamor pelas suas universidades, muitos ficam receosos com a posição de liderança, assim como eu fiquei um dia quando eu fui chamado para liderar o próprio Pockets. Isso acontece porque muitos desses jovens pensam que não estão aptos para liderar pessoas, pregar, ensinar acerca do Reino, orar pelos enfermos e muito menos libertar os cativos. Uma das coisas que temos de entender muito bem é que só conseguimos dar aquilo que nós temos. Eles não percebem que toda essa insegurança não vem da ausência de habilidade ou experiência, mas da falta de revelação a respeito do que temos em Cristo. Quando Jesus abriu o caminho para nos relacionarmos com o Pai, Ele nos deu acesso livre à Sua presença, a fim de recebermos tudo o que precisamos para abençoar outras pessoas. É na presença do Pai que recebemos o entendimento de qual é a nossa missão e, principalmente, daquilo que carregamos. Jesus estava constantemente com as multidões, porém Ele nunca abriu mão de estar na presença do Pai. Enquanto não soubermos o que carregamos, não saberemos quem realmente somos em Deus e o ilimitado potencial que temos para manifestar o Reino de Deus em nosso *campus*.

Certa vez, eu estava caminhando pelo campus da minha universidade e vi uma jovem com um tensor no tornozelo. No primeiro momento, pensei em seguir o meu caminho sem me importar com ela. Porém, quando você passa tempo com Deus e lê a Sua palavra todos os dias, Ele se compromete a falar com você todos os dias. Ver aquela estudante usando um tensor foi como um gatilho para o Espírito Santo me desafiar a crer em tudo aquilo que eu já havia lido na Palavra. Se somos chamados e capacitados por Ele, não podemos reter o Espírito Santo, mas precisamos liberá-lO com autoridade sobre todo e qualquer tipo de enfermidade. Quando lemos os Evangelhos, relatando a vida de Jesus, somos desafiados a cumprir a Grande Comissão. Sem pensar mais sobre ir ou não ir, decidi me aproximar e abordar aquela moça com uma pergunta incomum: "Você sabia que Jesus pode te curar?". Ela olhou para mim com uma cara confusa, e, naquele instante, sinceramente pensei que ela não me daria atenção porque mencionei o nome de Jesus sem mesmo saber se ela era cristã. Entretanto, para a minha surpresa, ela disse que não conhecia a Jesus, mas queria saber como Ele poderia curá-la. A moça compartilhou que a torção havia acontecido durante uma festa da faculdade enquanto ela dançava com umas amigas. No momento em que conversávamos, ela mencionou que estava sentindo fortes dores no tornozelo, o que me fez aproveitar o gancho e perguntar se poderia fazer uma oração por ela. E com um despretensioso "sim", ela permitiu que eu orasse. Coloquei as minhas mãos no tornozelo dela e dei uma ordem a ele: "Em nome de Jesus, seja curado". Poucos segundos depois, enquanto eu ainda estava com os olhos fixos no tornozelo, ela disse assustada: "UAU! O que está acontecendo? Eu não sinto mais nada de dor!". Antes que eu pudesse dizer qualquer coisa, ela começou a tirar o tensor para ver se conseguia mexer o pé sem dor. E para o meu espanto e de todos à minha volta, ela não só estava com o tornozelo curado, como também estava andando descalça naturalmente. Logo depois dessa experiência sobrenatural, conversei mais um pouco com aquela jovem universitária a respeito de quem era Jesus e como Ele a amava ao ponto de enviar um estranho para orar por ela devido à dor que ela estava sentido. Disse que Ele sempre está presente pronto para encontrá-la, e terminei a nossa conversa fazendo um convite para ela visitar a minha igreja local. Depois de uma semana, lá estava ela aceitando a Jesus como o seu único Senhor e Salvador após um de nossos pastores fazer o apelo para salvação. Esse tipo de experiência sobrenatural está disponível a todos nós. Basta crermos no Deus que acredita em nós. Jesus nos chamou para cumprirmos a Grande Comissão porque Ele acredita no que depositou dentro de nós. Através de sinais como esses, podemos comunicar a mensagem do evangelho poderoso e real como Jesus Cristo nos comissionou.

Uma das coisas importantes que precisamos entender é que o Espírito Santo irá nos usar onde estivermos. O Evangelho me empolga, pois Jesus nos deu a capacidade de sermos iguais a Ele. Basta nos posicionamos e amarmos as vidas que passam por nós. Independentemente do local, quando andamos em compaixão, o sobrenatural é liberado através de nós e o Reino dos Céus é estabelecido.

Por muitos anos, escutamos a mentira de que, se realmente queremos servir a Deus, precisamos largar tudo o que estamos fazendo e nos lançarmos em um seminário teológico para nos tornarmos pastores. Porém, eu creio que para cumprirmos o nosso chamado coletivo não precisamos abandonar tudo o que estamos fazendo, mas podemos fazer do local onde estamos e da função que realizamos uma plataforma para que o Reino de Deus seja manifestado na Terra. É evidente que existem pessoas que foram chamadas de forma específica para trabalharem em tempo integral no ministério, como pastores, evangelistas, missionários, porém a verdade é que quando se trata de chamado coletivo isso vale para todos os cristãos, e a comissão do nosso Senhor Jesus é ir pelo mundo todo pregando o evangelho, orando pelos enfermos e libertando os cativos. Um dos locais mais propícios para vivermos a Grande Comissão é dentro do *campus* universitário. A concentração de jovens buscando formação acadêmica a fim de ter um futuro bem-sucedido nos dá a oportunidade de apresentar Jesus, Aquele que conhece todos os detalhes do nosso passado, presente e, principalmente, futuro. A Palavra nos diz, em Eclesiastes 3:11, que o Senhor colocou eternidade no coração do homem e que a criação aguarda com grande expectativa a manifestação dos filhos de Deus. Quando manifestamos o Reino de Deus dentro das universidades, estudantes são impactados de forma estratégica com o objetivo de serem lançados para as esferas da sociedade com uma formação acadêmica, mas, acima de tudo, uma formação espiritual. Como disse anteriormente, esse é um trabalho em grupo. Enquanto trabalhamos em grupo, nós nos desenvolvemos e conhecemos também qual é o nosso chamado específico.

Por outro lado, da mesma forma que o nosso Senhor Jesus nos comissiona para uma tarefa coletiva, Ele também nos trata de forma única e possui algo específico para todos os Seus filhos e filhas. Todo ser humano é dotado de características, dons, talentos e habilidades singulares. Assim como ninguém possui as mesmas digitais, Ele desenhou e planejou algo totalmente original para cada um de nós. Isso é maravilhoso e nos faz entender que também fomos criados para uma missão exclusiva. Deus nos chamou para servirmos e adorarmos a Ele por meio de uma santa vocação debaixo do nosso chamado coletivo.

> Que nos salvou, e chamou com uma santa vocação; não segundo as nossas obras, mas segundo o seu próprio propósito e graça que nos foi dada em Cristo Jesus antes dos tempos dos séculos. (2 Timóteo 1.9)

Nesta passagem, em especial, a palavra "santo" significa separado para algo ou alguém, e "vocação" corresponde à palavra grega *Kaleo*, que significa ser chamado com alta voz. Deus está chamando cada um de nós para sermos pessoas relevantes, cumprindo um chamado que é só nosso e que vai além das quatro paredes da igreja. Sim, Deus nos confiou uma missão muito específica, algo que apenas eu posso realizar, e isso é incrível. Porém eu acredito que para que o chamado individual seja liberado, precisamos ser bons mordomos com o nosso chamado coletivo. Da mesma forma como Deus me usou de maneira sobrenatural no meu campus e eu pude ver milhares de jovens tendo encontros com a eternidade e tendo as suas vidas transformadas, eu creio que assim acontecerá com você. O nosso Deus é o mesmo ontem, hoje e eternamente. Se Ele fez no passado, através da minha vida em minha universidade, pode confiar, pois Aquele que prometeu é fiel para cumprir tudo aquilo que foi liberado sobre as nossas vidas. Os campis necessitam da manifestação dos filhos, cumprindo a Grande Comissão e liberando o Espírito Santo dentro das universidades ao redor do mundo todo. Ao longo desse processo de cumprir aquilo que nos foi proposto através da Grande Comissão, muitas respostas começam a surgir, principalmente para uma pergunta que eu você já fizemos ao longo da nossa caminhada cristã: como podemos reconhecer se estamos no caminho certo para viver a nossa santa vocação e o nosso chamado específico? E aqui vão algumas verdades que todo cristão deve saber para reconhecer o seu chamado:

Ele nos deu um chamado específico

Você consegue se lembrar daqueles momentos em que chegava para os seus pais tentando justificar um erro, afirmando que todo mundo fazia a mesma coisa, e eles diziam: "Mas você não é todo mundo?". Essa é a mais pura verdade. Nós não somos todo mundo. Não somos iguais a ninguém. Mesmo se tivermos um irmão gêmeo idêntico, nossas digitais jamais serão iguais a de qualquer pessoa no mundo. Deus nos fez únicos nos mínimos detalhes. E o mesmo vale para o nosso chamado. O Senhor é a pessoa mais criativa do Universo, o que O faz capaz de criar chamados exclusivos por toda a eternidade sem se esgotar em ideias e sonhos. Deus fez cada um de nós para viver algo que ninguém pode viver por nós; para ocupar lugares que ninguém pode preencher por nós no Reino e no coração d'Ele. Tudo isso para podermos representá-lO de uma forma que olho nenhum viu, ouvido nenhum ouviu e mente nenhuma imaginou. Quando entendemos isso, paramos de perder tempo comparando o nosso chamado específico com o de outras pessoas e passamos a celebrar a expansão do Reino com cada pessoa que cresce em sua santa vocação.

Não existem chamados maiores ou menores, apenas diferentes

Paulo e Ananias são um grande exemplo de que não existem chamados maiores ou menores, mas chamados diferentes e igualmente importantes. Aos olhos humanos, o chamado do apóstolo Paulo pode parecer muito maior e mais relevante do que o de Ananias, mas o maior missionário da Igreja primitiva só pôde nascer de novo e fazer as obras que fez porque Ananias foi obediente ao chamado de Deus de orar pelos enfermos e pregar o evangelho. Ainda que pudesse ser morto ou preso, Ananias escolheu o caminho da obediência e saiu da sua zona de conforto para amar alguém que até então era assassino de cristãos. Este homem só aparece uma vez nas Sagradas Escrituras, mas o que ele fez nessa única passagem garantiu mais da metade do que chamamos hoje de Novo Testamento. Portanto, independentemente do "tamanho" que um chamado possa ter aos nossos olhos humanos, diante de Deus todos são igualmente relevantes, porque todos fazem parte de um único sonho: resgatar a humanidade através de Cristo e estabelecer o Reino de Deus na Terra. Existem diversos "Paulos" esperando pelos "Ananias" se manifestarem dentro das universidades espalhadas ao redor do mundo inteiro. E eu creio que, quando as Escrituras relatam que o pastor deixou as 99 ovelhas para ir atrás daquela perdida, Jesus estava demonstrando que uma pessoa salva no meio da multidão é de extremo valor.

    Mordecai Ham foi um pastor batista norte-americano que pôde realizar algo extraordinário através da sua fidelidade e boa mordomia com aquilo que Deus lhe havia confiado. Durante um culto de domingo, o pastor batista ministrava a palavra em sua congregação e, no final da ministração, decidiu realizar o apelo para salvação. Naquele dia, um jovem caminhou até o altar e entregou sua vida para Jesus. O seu nome era Billy Graham. A criação aguarda com grande expectativa a manifestação dos filhos de Deus dentro dos campi universitários, e eu tenho fé de que, através da boa mordomia, aproveitando cada oportunidade da nossa vida acadêmica, podemos estabelecer o Reino dos Céus dentro do *campus* e ver com os nossos próprios olhos os "Paulos" e "Billys" da nossa geração se entregando aos caminhos do nosso Senhor Jesus Cristo.

TODO CHAMADO TEM UM PREÇO

Para vivermos a plenitude do nosso chamado, precisamos passar por diversos processos de transformação e crescimento. Transformação e crescimento envolvem mudança. Mudança envolve perdas (tempo, recursos financeiros, energia, relacionamentos). Toda perda envolve dor. Logo, a fórmula secreta do crescimento é *dor = crescimento*. Eu nunca vi ninguém chegar na plenitude do seu chamado sem ter aberto mão de algo, sem ter pagado um preço, sem ter passado por vales e sofrimentos. O próprio Senhor disse que neste mundo teríamos aflições, mas que devíamos sempre ter bom ânimo, porque Ele venceu o mundo. Abraçar a dor é abraçar o processo de crescimento que nos leva a estarmos prontos para viver nossa vocação em Cristo.

Aquilo que observamos e valorizamos na vida de outras pessoas muitas vezes é a consequência daquilo que não enxergamos. José foi traído e abandonado pelos seus irmãos, porém se manteve firme e confiante nas promessas e sonhos que Deus lhe havia entregado. Todos nós queremos os frutos, mas poucos são os que abraçam o dolorido processo de criar raízes profundas, como José desenvolveu enquanto estava dentro daquele buraco e como escravo no Egito. Quando abraçamos os desafios que nos são apresentados, temos a oportunidade de confiar em um Deus que não desperdiça nada, Ele move montanhas e faz o impossível acontecer.

Durante anos, José serviu a faraó com excelência, e só conseguiu realizar esse feito, porque o seu relacionamento com Deus era constante. Os frutos desse relacionamento e maturidade espiritual proporcionaram graça e favor diante de pessoas com posições de autoridade, e geraram um dos momentos mais marcantes de sua vida: a liberação de perdão para os membros de sua família.

A ótica humana sempre buscará explicações terrenas e resultados instantâneos, mas as lentes do Espírito trazem sobriedade e propósito diante de toda e qualquer circunstância. As pequenas coisas que você faz quando ninguém o vê podem ser o diferencial que irá colocá-lo nos lugares onde você sempre sonhou estar, assim como José, que viu sua família restaurada e os sonhos do Senhor se cumprirem em sua vida.

Encontramos o nosso chamado fora da zona de conforto

Na maior parte das vezes, o nosso chamado será um convite para sairmos da zona de conforto. Para Moisés, não era nada confortável pedir para faraó a libertação de mais de três milhões de escravos e conduzi-los para fora do lugar onde nasceram até a Terra Prometida. Para Pedro, não era confortável sair do barco antes de andar sobre as águas. Para Jesus, não era nada confortável ser crucificado antes de vencer a morte e ressuscitar. Se quisermos fazer algo relevante para Deus e para o mundo, é necessário sairmos dos lugares que acomodam nossos medos, e irmos rumo aos lugares onde precisaremos de fé e da palavra de Deus. Só um chamado que manifeste o poder da fé pode agradar a Deus.

Nós vivemos pelo chamado, não pela provisão

O seu chamado é algo que desperta tanta paixão e tanta realização que, caso fosse possível, você faria de graça? Uma vez que você vive o seu chamado entendendo que essa vocação é uma forma de adorar e honrar a Deus, você passa a perceber que Ele sempre esteve dando os recursos necessários de forma abundante para cumpri-lo com excelência. Deus sempre multiplica os talentos daqueles que são bons mordomos.

Lembre-se: aqueles que vivem pela provisão perdem a missão, mas os que vivem pela missão sempre terão provisão.

NOSSO CHAMADO NÃO É MAIS IMPORTANTE DO QUE AQUELE ESTÁ NOS CHAMANDO

Muitas pessoas falam tanto de chamado e propósitos, que acabam idolatrando profecias e se esquecem d'Aquele que liberou a profecia: Deus. O seu chamado não vale nada se você não estiver constantemente apaixonado por Quem o está chamando. Porque no fim das contas, um dia, você estará diante de Deus e Ele não perguntará se você cumpriu uma lista de tarefas referentes ao seu chamado. Ele perguntará se você O conhece e se você aprendeu a amá-lO acima de todas as coisas e ao próximo como a você mesmo. A Igreja de Éfeso, descrita no livro de Apocalipse, é um exemplo de ministério bem-sucedido em cumprir boas obras, mas que falhou em manter o amor. Entre todos os pontos compartilhados, este é o mais importante. Deus se importa mais com o nosso coração do que com o nosso chamado. Jamais teremos verdadeiramente reconhecido o nosso chamado se no Grande Dia não reconhecermos Aquele nos chamou.

A parábola dos talentos é uma ótima ilustração que reúne cada um dos pontos apresentados anteriormente sobre o chamado coletivo e o chamado específico:

Porque isto é também como um homem que, partindo para fora da terra, chamou os seus servos, e entregou-lhes os seus bens. E a um deu cinco talentos, e a outro dois, e a outro um, a cada um segundo a sua capacidade, e ausentou-se logo para longe. E, tendo ele partido, o que recebera cinco talentos negociou com eles, e granjeou outros cinco talentos. Da mesma sorte, o que recebera dois, granjeou também outros dois. Mas o que recebera um, foi e cavou na terra e escondeu o dinheiro do seu senhor. E muito tempo depois veio o senhor daqueles servos, e fez contas com eles. Então aproximou-se o que recebera cinco talentos, e trouxe-lhe outros cinco talentos, dizendo: Senhor, entregaste-me cinco talentos; eis aqui outros cinco talentos que granjeei com eles. E o seu senhor lhe disse: Bem está, servo bom e fiel. Sobre o pouco foste fiel, sobre muito te colocarei; entra no gozo do teu senhor. E, chegando também o que tinha recebido dois talentos, disse: Senhor, entregaste-me dois talentos; eis que com eles granjeei outros dois talentos. Disse-lhe o seu senhor: Bem está, bom e fiel servo. Sobre o pouco foste fiel, sobre muito te colocarei; entra no gozo do teu senhor. Mas, chegando também o que recebera um talento, disse: Senhor, eu conhecia-te, que és um homem duro, que ceifas onde não semeaste e ajuntas onde não espalhaste; E, atemorizado, escondi na terra o teu talento; aqui tens o que é teu. Respondendo, porém, o seu senhor, disse-lhe: Mau e negligente servo; sabias que ceifo onde não semeei e ajunto onde não espalhei? Devias então ter dado o meu dinheiro aos banqueiros e, quando eu viesse, receberia o meu com os juros. Tirai-lhe pois o talento, e dai-o ao que tem os dez talentos. Porque a qualquer que tiver será dado, e terá em abundância; mas ao que não tiver até o que tem ser-lhe-á tirado.

(Mateus 25.14-29)

Nesta história, existe um chamado coletivo que faz referência à Grande Comissão: multiplicar talentos do nobre Senhor até que Ele retorne. Também existe uma alusão ao chamado individual dos servos: multiplicar a quantia que foi dada de acordo com a capacidade individual de cada um. Apesar de parecer que todos têm a mesma tarefa nessa história, cada um tem a sua própria quantidade de talentos. O objetivo final é o mesmo: para que nenhum seja maior do que o outro, a jornada de cada um é única e específica. Também podemos ver que o Senhor deixou cada servo com o talento, que também é a provisão para cumprir com o que Ele pediu. Por fim, notamos que, ao final da parábola, o servo que falhou na tarefa estava tão focado em não falhar que deixou de ser fiel ao desejo do coração do Senhor, enquanto que os outros servos foram bem-sucedidos porque arriscaram tudo que tinham para agradar ao Mestre.

Quando aceitei a Jesus e comecei a me aprofundar na revelação dessa parábola e em outras passagens bíblicas, entendi de forma mais clara que eu possuía um chamado único que estava debaixo de um chamado geral. Existem diversas formas para entendermos aquilo que o Pai possui para as nossas vidas, e, para mim, a forma mais prática de entender realmente qual era o meu chamado de forma específica foi focar no meu chamado coletivo. E esse é um dos conselhos que eu compartilho com todos os jovens que me procuram perguntando a respeito da melhor maneira de descobrir qual é o seu chamado específico. Em primeiro lugar, eu os incentivo a se aprofundarem em seus relacionamentos com o Pai, pois a verdade é que, quanto mais nos relacionamos com o nosso Criador, mais a nossa identidade é revelada. A Palavra é muito clara, no primeiro capítulo de Gênesis, quando diz que fomos criados à imagem e semelhança de Deus. Por isso, todas as vezes que temos um verdadeiro encontro com Deus, somos transformados de glória em glória, e aquilo que foi perdido em nossa identidade por conta do pecado original é restaurado, e assim podemos entender cada vez mais quem realmente somos n'Ele. Glórias a Deus pelas experiências que muitos já tiveram durante um culto, porém, para mim, não importa quantas vezes você caiu na unção, mas sim quantas vezes você se levantou com mais consciência de quem você é. O relacionamento com o Pai produz revelação de identidade. E a partir do momento que conhecemos a nós mesmos na perspectiva do Pai, reconhecemos para o que fomos feitos. Porque Ele nunca mostrará a missão a você antes de revelar quem você é. Podemos ver isso quando Jesus chegou em Cesaréia de Filipe e perguntou aos seus discípulos: "Quem os homens dizem que o Filho do homem é?". E eles responderam: "Alguns dizem que é João Batista; outros, Elias; e, ainda outros, Jeremias ou um dos profetas". "E vocês? Quem vocês dizem que eu sou?", perguntou o Mestre. Então, Simão Barjonas respondeu: "Tu és o Cristo, o Filho do Deus vivo". E é exatamente nessa hora que Jesus revela a verdadeira identidade de Simão:

> E Jesus, respondendo, disse-lhe: Bem-aventurado és tu, Simão Barjonas, porque to não revelou a carne e o sangue, mas meu Pai, que está nos céus. Pois também eu te digo que tu és Pedro, e sobre esta pedra

edificarei a minha igreja, e as portas do inferno não prevalecerão contra ela; E eu te darei as chaves do reino dos céus; e tudo o que ligares na terra será ligado nos céus, e tudo o que desligares na terra será desligado nos céus. (Mateus 16.17-19)

Os discípulos são questionados pelo Messias em relação à Sua identidade. Mas naquele momento Simão Barjonas, de forma ousada, responde com propriedade, pois já tinha recebido aquela revelação por conta do seu andar em intimidade com Jesus. O relacionamento com Deus revela a nossa identidade e o nosso chamado.

Por fim, outra forma de entendermos qual é o nosso chamado específico é quando nos propomos a sonhar o sonho de outra pessoa. Enquanto eu colocava em prática o sonho do meu pastor e líder, Téo Hayashi, consegui identificar quais eram os meus pontos fortes, meus pontos fracos, quais eram as minhas habilidades e, por causa desse autoconhecimento, o Senhor foi me revelando o que Ele tinha de específico para mim. Eu me recordo nos primeiros anos de Dunamis quando coloquei esse princípio em prática e me voluntariei para a área do Louvor e Adoração. Desde os meus primeiros acordes no violão dentro do meu quarto até liderar uma sessão de adoração durante uma das Conferências Dunamis, foram momentos que, com toda a certeza, me trouxeram satisfação e alegria em poder servir a Deus. Por alguns anos, me esforcei para servir com excelência, porém, com o tempo, fui sentindo que o meu chamado individual não tinha muito a ver com aquilo. Foi então que, depois de uma conversa bem-humorada e sincera com o Téo, fui desafiado a entender que aquilo era uma paixão, e não o meu chamado específico. De forma bem direta, ele me disse com muito carinho: "Felippe, glórias a Deus por todos esses anos liderando louvor, porém acredito que, se você começar a pregar, não vai desafinar tanto quanto cantando". Brincadeiras à parte, aquela conversa foi crucial para que eu pudesse entender que realmente liderar vidas através da adoração não seria a boa, perfeita e agradável vontade de Deus para mim. Entretanto, sabemos que o nosso Deus não desperdiça nada, conforme Romanos nos promete:

> E sabemos que todas as coisas contribuem juntamente para o bem daqueles que amam a Deus, daqueles que são chamados segundo o seu propósito. (Romanos 8.28)

Ao longo desse processo servindo e buscando excelência em tudo o que fazia, pude compreender quais eram as áreas nas quais eu não tinha um chamado específico, porém durante esse tempo creio que o Senhor foi me capacitando e me forjando para o momento que me encontro hoje, vivendo sua vontade específica para a minha vida.

Quando comecei a trabalhar com jovens universitários, algo começou a queimar dentro de mim e, juntamente com diversas palavras proféticas que eu tinha recebido durante minha caminha com Cristo, essa combinação trouxe uma convicção de que realmente eu havia encontrado aquilo que era a minha santa vocação. Hoje, sirvo a Deus no meu chamado específico, mas sou grato por todos os ensinamentos que adquiri durante o processo de amadurecimento que Deus realizou em minha vida.

Deus conta conosco e quer nos revelar o nosso chamado para que, assim como os Pockets, cada um de nós também possa ser uma ferramenta nas mãos de Deus para apontar e destravar os destinos de centenas pessoas que não sabem realmente quem são e por que estão vivas hoje. Porém, precisamos estar dispostos a passar pelos processos e entender que, apesar de termos um chamado específico, não existe carreira solo no Reino de Deus. Muitos jovens aguardam que nós os convidemos para participar de algo maior que eles mesmos, mas isso só é possível através do trabalho em grupo. Todos nascemos com um chamado único, mas nenhum de nós foi chamado para estar sozinho.

CAP. 6

o evangelho do reino

CÉSAR BIANCO

Quando me converti, sempre que lia os Evangelhos e me deparava com o termo "Reino de Deus", imaginava que o reino do qual Jesus falava era como um castelo medieval sobre as nuvens, governado por Deus. Mais tarde, já maduro na minha fé, e por estar à frente dos Dunamis Pockets, cresci em meu conhecimento teológico a cerca dessa que é a mensagem central no ministério de Cristo. Descobri que o reino do qual o nosso Senhor falava nos evangelhos não era exatamente o que eu imaginava. Ele não se trata de uma cidade física, um país ou um pedaço de terra, mas sim do período de exercício do governo do Rei, o Seu reinado. Quando Cristo anunciou entre os homens que o tempo do Reino dos Céus estava entre eles, o Senhor estava anunciando o surgimento de um novo tempo, no qual todos que se colocassem debaixo da autoridade desse governo teriam acesso à realidade dos Céus. Assim como o Sol que, ao surgir no horizonte, faz com que a escuridão bata em retirada com o avanço da luz, o Reino de Deus começava a romper os Céus para tocar a Terra com a luz da Estrela da Manhã: Jesus Cristo.

A revelação de que o reinado de Deus começava por meio do Rei Jesus, me instigava cada vez mais a conhecer e estudar a legislação desse governo celestial, as Sagradas Escrituras. À medida que eu me debruçava sobre as Escrituras e pedia discernimento do Espírito Santo para compreender os mistérios da Palavra, mais eu compreendia os princípios que regem os Céus e como eu poderia replicá-los na Terra para transformar a cultura do meu *campus* universitário. Através do ensino de parábolas, milagres, sinais e maravilhas – teoria e prática, palavra e poder –, Jesus ensinava a cerca de um reino que viria para confrontar o *status quo* de qualquer sistema político, econômico ou social deste mundo. E esse é o evangelho do Reino de Deus. Desde os dias de Jesus, o Reino já estava avançando entre nós, expandindo seu território e influência física e espiritual através do coração de cada cristão. Contudo, ele ainda não estava sendo manifestado em sua plenitude, a não ser através de Jesus. Deus inaugurou e legitimou o início do seu reinado entre nós por meio de um Rei que era 100% homem e 100% Deus. Lemos em Jeremias 23 o que seria uma promessa da vinda desse Rei e também de suas realizações.

> Eis que vêm dias, diz o Senhor, em que levantarei a Davi um Renovo justo; e, sendo rei, reinará e agirá sabiamente, e praticará o juízo e a justiça na terra. (Jeremias 23.5)

Jesus era o Rei profetizado no Antigo Testamento, porém Ele não era o Messias que o povo judeu esperava. Diversos estudos apontam que a maioria dos judeus, incluindo os apóstolos, imaginava um implacável rei conquistador, trazendo o final dos tempos enquanto destruía o Império Romano com um exército de anjos e fogo vindo dos céus. Eles aguardavam a partir de um formato pré-estabelecido em suas mentes pelas experiências registradas na História. Mas, quando o Messias aparece e se apresenta como o filho de um carpinteiro, um cidadão da cidade mais pobre e marginalizada da nação, andando com pessoas de índole duvidosa e que não tinham nenhum poder ou influência, percebemos que, mesmo com todos esses fatos depondo contra a Sua identidade, Suas palavras e atitudes eram atestadas pelas Sagradas Escrituras. Sua influência e aprovação diante do povo era indiscutível. Jesus conquistou a admiração do povo sem usar de força ou violência. Ele usou de um poder que é mais implacável que a própria morte: o amor. Ao contrário dos reis da Antiguidade, que sempre eram servidos pelo povo, o Messias escolheu ser o servo de todos, curando os enfermos, libertando os cativos, perdoando pecados e ensinando a acerca do Seu Reino. Ele foi o único rei que se entregou para ser torturado, ofendido e morto para salvar o Seu povo. E é por isso que o Servo de todos é digno de ser chamado de Rei dos reis.

De sorte que haja em vós o mesmo sentimento que houve também em Cristo Jesus, Que, sendo em forma de Deus, não teve por usurpação ser igual a Deus, Mas esvaziou-se a si mesmo, tomando a forma de servo, fazendo-se semelhante aos homens; E, achado na forma de homem, humilhou-se a si mesmo, sendo obediente até à morte, e morte de cruz. (Filipenses 2.5-8)

O apóstolo Paulo nos instrui a termos a atitude de Cristo, que foi o servo de todos, para que o mundo à nossa volta tivesse acesso ao Rei. Se quisermos virar o mundo de ponta-cabeça, precisamos pensar de forma contrária ao mundo: servir ao invés de ser servido; perdoar ao invés de se vingar; dar a vida ao invés de matar. Quando nós servimos ao próximo, seja com a demonstração do sobrenatural, por meio do mover profético e milagres, ou com uma atitude natural, como ter compaixão e empatia para amar, nós conquistamos a confiança dos corações das pessoas para que elas ouçam a mensagem de que o Reino é chegado. Jesus nos ensinou que a resposta que estamos esperando do Céus nem sempre virá da forma como imaginamos, nem sempre seguirá o padrão que vimos no passado. O Messias reconfigurou o padrão do que é ser um Rei e um salvador ao quebrar paradigmas.

Aqui se encontra uma importante revelação para nós que queremos influenciar: não podemos limitar Deus e assumir que as futuras bênçãos virão nos mesmos formatos e pelos mesmos canais que vieram no passado. Nós podemos aprender muito com isso para não cairmos no mesmo engano. Não podemos nos permitir acreditar que Deus trabalha de maneira engessada e sistemática. Se não, viveremos crendo que uma transformação em nossas universidades só acontecerá se um dia o Senhor agir como sempre agiu. Deus é um Deus de novidade de vida (Romanos 6:4). Ele é, antes de qualquer coisa, o Criador. Criatividade para solucionar problemas é algo que nunca faltou a Deus. Ele pode, e, provavelmente, vai fazer estabelecer o Reino em seu *campus* de uma forma muito mais irreverente, amorosa e sobrenatural do que podemos imaginar. Basta estarmos sensíveis à sua voz para sermos usados por Ele.

> Eis que faço uma coisa nova, agora sairá à luz; porventura não a percebeis? Eis que porei um caminho no deserto, e rios no ermo. (Isaías 43.19)

Devemos ter intimidade com o Espírito Santo e sensibilidade para ouvir o que Deus está dizendo através d'Ele e da Sua palavra. Jamais devemos nos basear no que vemos com os nossos olhos, porque as coisas celestiais são invisíveis, podendo ser percebidas somente pela fé. O Senhor tem o costume de fazer coisas que olho nenhum viu e mente alguma imaginou. Portanto, só é possível vislumbrar o que Deus está por fazer por meio da fé. E essa, por sua vez, só vem pelo ouvir e obedecer a palavra que vem da boca do Senhor.

> Do homem são as preparações do coração, mas do SENHOR a resposta da língua. (Provérbios 16.1)

Toda vez que eu leio essa passagem, sinto um temor muito grande, pois não quero ser uma daquelas pessoas que planeja muito e falha porque não consegue captar o que o Senhor está dizendo. Por nossas habilidades naturais, nós, seres humanos, não podemos ver o futuro, apenas o presente e, até certo ponto, o passado. Dessa forma, nós visualizamos o amanhã dentro das limitações do ontem. O Reino é para ser vivido tanto no presente como no futuro. Ao ler os Evangelhos, podemos perceber que o Reino deve ser procurado e encontrado em nossas vidas; deve ser recebido agora e manifestado agora. Jesus enviava muitas pessoas, após serem curadas ou libertas, para evidenciarem o Reino de Deus. Ele comunicava por meio dessa atitude uma necessidade urgente de expor o novo modelo que estava sendo implantado. Jesus queria que as pessoas tivessem a oportunidade de ver e experimentar a realidade do Céu na Terra o quanto antes. Ele queria gerar um entendimento do que seria encontrar-se com a realidade sobrenatural do Céu no dia a dia.

Em suas cartas, Paulo sempre fala do Reino no tempo presente, enquanto outras passagens referem-se a ele como algo progressivo e sem fim. Na oração do Pai Nosso, Jesus nos ensina a declarar "Venha o teu reino", porque ele está acessível para nós agora. Existem parábolas que se referem ao Reino comparando-o ao crescimento de uma semente, por exemplo, árvore ou levedura, que se desenvolve ao longo de um período de tempo. Em João 17.15, Jesus orou e pediu ao Pai para não nos tirar do mundo. Mas por quê? Ele nos quer aqui e agora, presentes neste mundo, para cumprirmos com a grande comissão e manifestarmos o Reino de Deus por onde passarmos. Sem dúvida, o Reino de Deus virá de forma visível, e um dia nós o vivenciaremos em sua plenitude, mas hoje já podemos e devemos manifestá-lo aqui na Terra.

Entretanto, um dos maiores desafios que enfrentamos ao tentar manifestar o Reino é não confundir o evangelho do Reino com o da Salvação, já que para muitas pessoas eles são sinônimos, o que não é verdade.

Mas o que é o evangelho da Salvação? O evangelho é a boa nova de que Cristo deu Sua vida para nos libertar do pecado. Nós fomos resgatados do julgamento eterno e estamos livres da condenação do inferno. Portanto, o Céu é o nosso destino se O aceitarmos como nosso salvador. Por meio de Cristo, fomos reconciliados com o nosso Pai Celestial e nos tornamos filhos e filhas do Rei. A vida em Seu Reino implica desfrutar da Sua presença, andar com Ele em um relacionamento de intimidade e obediência. E enquanto ainda enfrentamos a perseguição e as dificuldades da vida, Ele está sempre conosco nos capacitando para vencer.

E o que é o evangelho do Reino? É a parte que completa o evangelho da Salvação: Esta é a boa notícia de que o nosso Rei está restaurando o Seu reino na Terra por meio de nós, os cidadãos do Seu reino. Ele pretende trazer o Céu para a Terra através de seus filhos e filhas. Em Seu coração, está a transformação de cada família, aldeia, cidade e nação para Seus propósitos celestes originais. A tarefa que nos foi dada na Terra é mais do que "ganhar uma alma antes que Jesus venha" – essa é a frase de efeito do evangelho da Salvação. Precisamos pregar o evangelho da Salvação, sim, mas, ao fazê-lo, não devemos reduzi-lo a esta tarefa. A salvação é o nosso ponto de partida, não a nossa chegada. Salvação é a nossa submissão a Jesus Cristo como Senhor e Rei. O evangelho da Salvação deve nos levar ao Rei e à compreensão de nós mesmos como cidadãos do Reino. Ele deve nos impulsionar a vivermos com esse entendimento, de que não chegamos no destino, mas ainda estamos na largada de uma grande jornada com Cristo para expandir Seu Reino aqui na Terra.

Segue uma comparação entre o evangelho do Reino e o evangelho da Salvação para compreendermos melhor como os dois funcionam.

EVANGELHO DA SALVAÇÃO

- Proclamação do evangelho/ salvação eterna, foco celestial, evangelístico

- Aborda apenas a alma e o espírito

- Mentalidade de fuga (arrebatamento)

- Sagrado vs. secular (dualismo)

- Foca na transação

- "Ganhe a próxima alma"

A Nigéria é um exemplo do que pode acontecer com uma nação quando esta é impactada apenas pelo evangelho da Salvação. Pesquisas atuais nos dizem que a Nigéria pode ter até 60% da população nascida de novo, isto é, foi impactada pela salvação em Cristo. No entanto, essa nação tem um dos maiores problemas de criminalidade e corrupção no mundo. Isso porque o evangelho da Salvação tem apenas sido a mensagem principal, no caso a salvação por meio de Cristo, mas carece da mensagem do Reino para trazer uma reforma social. A Nigéria é um lugar onde há grandes campanhas evangelísticas, mas o efeito sobre as pessoas tem sido mínimo devido ao seu fracasso para desenvolver a cultura do Reino em todas as outras áreas da vida dos cidadãos.

Evangelho do Reino

- Corpo, alma e espírito, impacta todos os aspectos da sociedade
- Material, social, terreno, secular
- Influência através de servo, liderança piedosa, fé ativa
- Foca na transformação da sociedade
- Evangelho libertador influenciando todas as áreas da vida

Um exemplo de nação que, atualmente, colhe os frutos de ter seu foco no evangelho do Reino é a Guatemala. Esse país, por sua vez, possui 90% da população declarada cristã e tem efetivamente aplicado os princípios do evangelho a todos os aspectos de suas vidas, o que tem estimulado a drástica redução dos índices de criminalidade, violência, divórcios e corrupção.

EVANGELHO DA SALVAÇÃO	EVANGELHO DO REINO
Enfâse no Evangelismo/Salvação	Ênfase em tomar domínio pós conversão
Enfâse no Eterno e Celestial	Ênfase no Eterno, Celestial, Material, Social, Terreno e Secular
Aborda apenas alma e espírito	Aborda corpo, alma e espírito
Mentalidade de escape do arrebatamento	Mentalidade de possuir a Terra
Sagrado vs. Secular - Dualismo	Impacta todos os aspectos da sociedade
Objetivo: Transação, ganhar a próxima alma	Objetivo: Influenciar através de serviço, liderança digna e fé ativa

A missionária, pesquisadora e autora do livro *O Template Social do Antigo Testamento*, Landa Cope, nos apresenta uma perspectiva dura, porém real, sobre a influência do cristianismo no continente africano:

Em cada nação, a história era a mesma. Pobreza, doença, violência, corrupção, injustiça e caos me encontraram a cada passo. Meu coração estava pesado enquanto viajava pela África, enquanto pensava sobre minha própria nação. Minha oração tornou-se: "Senhor, o que deu errado?" Quase dois mil anos de esforços concentrados em missões neste continente – como esse poderia ser o resultado? Deus falou, de forma simples e com uma revelação que mudaria meu entendimento de missões e minha vida permanentemente.

Ele disse: "A devastação que você vê é o resultado de um evangelho que se limita à pregação da salvação". Chorei por horas com o coração partido pela mensagem do evangelho diminuída.

Parece que as nações mais evangelizadas do mundo são também as nações mais devastadas. Há algo errado com um evangelho que salvou apenas almas, mas não transformou nações? Ou talvez não tenhamos pregado o mesmo evangelho que Jesus pregou na Terra.

Durante seus estudos para o livro, Landa teve encontros com Deus que mudaram sua maneira de enxergar o evangelho, ela percebeu que apenas a pregação da salvação não seria o suficiente. Devemos pregar o evangelho do Reino, que abrange a salvação, e não permitir que a salvação seja o fim, mas o meio para um novo caminho cheio de descobertas.

Imagine o que seria uma conversa entre Josué e Deus logo após a conquista da Terra prometida. Deus diz: "Josué, muito bem, eu te levantei como sucessor de Moisés, fiz sinais e maravilhas para a conquista desta terra, removi todas as barreiras e todos os obstáculos, do maior ao menor, eu fiz tudo para que o meu povo fosse liberto. Agora que vocês chegaram e conquistaram, podem se sentar e descansar. Fiquem à vontade, não precisa batalhar para obter mais nada, não precisa se esforçar para estabelecer o reinado perante as nações. Fiquem bem tranquilos que agora é só esperar confortáveis até o dia de suas mortes que está tudo certo".

Essa conversa seria um pouco bizarra, não é mesmo? Que estranho seria se lêssemos isso na Bíblia? Porém, muitas vezes, é dessa forma que comunicamos quando pregamos um evangelho incompleto e permitimos que a salvação seja o fim, e não o meio para algo. Dessa forma, precisamos pregar o evangelho do Reino dentro das universidades, pois ali é berço de formação da influência e dos líderes que se levantarão. Imagine o que seria se todos se levantassem com um entendimento de que aquele conhecimento adquirido durante as anos de estudo, as portas abertas que se abrirão no futuro, não são apenas mérito deles, mas, sim, parte de um plano muito maior da parte de Deus para alcançar aos perdidos, discipulá-los e transformar a sociedade para um futuro alinhado com os planos de Deus?

O livro *Avivamento Sustentável*, de Eduardo Nunes, pastor de jovens da Igreja Monte Sião e um dos líderes do

Dunamis, traz uma perspectiva clara a respeito deste assunto:

> Em Marcos 16, a grande comissão tem como foco alcançar todas as pessoas por intermédio da mensagem da cruz e da aceitação do sacrifício de Cristo. Entretanto, esse é o início da jornada. O coração de Deus pulsa pelos perdidos, mas a caminhada não encerra na salvação. Logo após, o evangelho do Reino, descrito em Mateus 28, precisa entrar em ação. Ele resgatou a autoridade, a entregou a nós e deixou para nós a seguinte comissão: "Ide e fazei discípulos de todas as nações". Começamos com a grande onda de salvação, mas necessitamos dar continuidade por meio do discipulado das nações, cidades e sistemas, esse é o principal motivo de precisarmos entender como as sete esferas da sociedade funcionam.

Como jovens universitários cristãos, precisamos entender que somos comissionados para cumprir a Grande Comissão em todo tempo que nos é dado. Cada segundo é uma oportunidade de representarmos o Reino dos Céus. Nós somos ministros de tempo integral, independentemente de qual esfera da sociedade nós estamos inseridos, porque somos cidadãos do Reino durante 24 horas e 7 dias por semana. Com o evangelho do Reino sendo estabelecido, não ficamos com a mentalidade de esperar que as coisas aconteçam durante o processo de formação acadêmica. Nós já sabemos que o Reino está ao nosso alcance, e pode ser expresso em tudo o que fazemos.

Até o retorno do Rei Jesus, não podemos viver o Reino de Deus em sua plenitude, porém, enquanto vivemos neste tempo presente, o Reino de Deus já pode ser experimentado por todas as pessoas através do mais poderoso canal entre o Céu e a Terra: os filhos de Deus. Cada um de nós carrega a identidade de filhos amados, nos quais o Pai tem pleno prazer. Nós fazemos parte da realeza dos Céus como coerdeiros de Cristo. Nascemos carregados de autoridade para influenciar os futuros líderes que estão sendo formados nos centros acadêmicos do mundo todo.

Não perca tempo, seja o reflexo do padrão celestial para as pessoas ao seu redor. Não importa quantos anos de vida você tenha hoje, se você respira e crê que Cristo é o seu Rei, você faz parte deste Reino e da geração que levará o governo de Deus aos quatro cantos da Terra, revelando que neste mundo apenas um reino permanece. Oro para que o Espírito Santo abra o seu coração e mente e lhe coroe com a revelação de que você carrega as chaves do Reino.

CAP. 7

as esferas da sociedade

FELIPPE BORGES

A Palavra de Deus descreve que, no início, a Terra era sem forma e vazia e que, através das declarações do Pai, tudo se fez. Ao contemplar toda a Sua criação, o Senhor disse que tudo o que havia feito era bom. Havia apenas uma exceção, o homem. O Criador decide trazer à existência algo que estava acima do "bom": o ser humano. Deus quis criar um ser à Sua imagem e semelhança. Enquanto todas as coisas foram criadas por meio de declarações, o Senhor fez questão de formar o homem com Suas próprias mãos para deixar as Suas digitais em nós. Ele teve o cuidado de formar o nosso corpo com o próprio pó da Terra para que pudéssemos andar com autoridade sobre este mundo físico. Ele não nos deu vida estando em um lugar longínquo, o Senhor estava à distância de um sopro para que a primeira coisa que o homem visse quando abrisse os olhos fosse um Pai alegre. A forma como fomos criados deixa bem claro que todos nós necessitamos do toque e da presença do Pai em nossas vidas. Eu e você fomos criados não apenas para escutarmos as Suas declarações, mas para sermos ministrados por Suas mãos criativas e vivermos em Sua presença. Na viração do dia, o Deus criador dos Céus e da Terra passava tempo de qualidade com o homem e a mulher, confirmando o propósito do ser humano aqui na Terra: nos relacionarmos de forma íntima com o Pai e expandirmos o Seu Reino por todo o mundo.

Além do propósito de nos relacionarmos com Deus, a Bíblia deixa claro em Gênesis que Ele nos entregou uma missão e nos capacitou para governar a Terra. Desde o Jardim do Éden, era desejo do Criador que entrássemos em colaboração com Ele na expansão e manifestação do Seu Reino. Infelizmente, o plano não foi executado como todos gostaríamos, pois Adão usou de seu livre arbítrio para quebrar essa concordância requerida de ser o canal de Deus aqui. Desde então, o plano de trazer a restauração do Reino de Deus na Terra necessita passar por um processo de reconciliação com o Deus, que nesse caso só acontece por meio do segundo Adão: Jesus Cristo. Através da Sua morte e ressurreição, Jesus legitimou o Seu direito de ser rei não apenas no Céu, mas também na Terra, devolvendo ao homem a autoridade sobre um território que era nosso e foi entregue ao Diabo como consequência do pecado de Adão e Eva. Durante 30 anos, Jesus foi preparado para cumprir aquilo que lhe havia sido proposto, e a marca do início de seu ministério foi o batismo realizado por João Batista, no qual o Espírito Santo desceu dos Céus em forma de pomba para repousar sobre o Messias enquanto a voz do Pai O afirmava:

E ouviu-se uma voz dos céus, que dizia:
"Tu és o meu Filho amado em quem me comprazo". (Marcos 1.11)

As palavras de afirmação do Pai marcaram o início do ministério de Jesus. Naquele momento, Deus Pai poderia ter afirmado o Messias de diversas formas, porém escolheu de maneira pública, na frente de todas as testemunhas presentes no local, revelar a principal identidade de Jesus: filho. Isso nos mostra a importância e o poder que existe no fato de compreendemos quem somos e quem Deus é para nós, um Pai que já tem prazer em nós sem precisarmos ter feito absolutamente nada.

Depois daquela cerimônia, Jesus Cristo foi direcionado pelo Espírito Santo ao deserto e, naquele local, Ele jejuou por 40 dias. Durante o período do jejum, Jesus foi tentando diversas vezes pelo Inimigo. Naquele momento de extrema vulnerabilidade física, as respostas que foram liberadas pelo Messias, combatendo os questionamentos do Inimigo, mostraram o quão forte Ele estava em Seu Espírito. Depois de muitas tentativas para interromper o ministério de Jesus na Terra e tudo o que iria acontecer após aquele processo, o inimigo tentou a sua última armadilha, mostrando todos os reinos do mundo e Lhe prometendo a glória deles. Tudo o que Ele tinha de fazer era adorá-lo.

E disse-lhe: Tudo isto te darei se, prostrado, me adorares. Então disse-lhe Jesus: Vai-te, Satanás, porque está escrito: Ao Senhor teu Deus adorarás, e só a ele servirás. Então o diabo o deixou; e, eis que chegaram os anjos, e o serviam. (Mateus 4.8-1)

É de extrema importância analisarmos aquilo que as Escrituras nos apontam. No início da passagem, o Diabo ofereceu os "reinos do mundo" ao nosso Senhor. O Inimigo presumiu que poderia corromper o Rei dos reis oferecendo mais reinos a Ele. Porém, Jesus sabia quem Ele era e qual era o Seu objetivo. A Sua identidade não estava baseada em poder ou reinos, mas no que o Pai dizia sobre quem Ele era. Jesus sabia que a Sua maior glória era ser o filho primogênito de Deus e que o Seu objetivo era realizar o sonho do Pai: salvar a humanidade do pecado e estabelecer o Reino de Deus na Terra. É a partir dessa revelação que o nosso Senhor responde a todas as propostas do Inimigo reafirmando a Sua identidade através da Palavra de Deus.

Jesus Cristo é o Verbo que se fez carne, por isso quando Ele diz: "Está escrito", Ele não apenas nos ensina o poder de resistir ao Maligno com a verdade das Escrituras, mas também o poder que há em declararmos quem nós somos.

Quando a Bíblia diz "reinos do mundo", ela se refere aos governos da Terra, ou, como também podemos chamar, diferentes esferas que compõem a nossa sociedade. Por muito tempo a Igreja de Jesus Cristo, o Seu corpo aqui, utilizou a autoridade que havia sido restaurada para influenciar apenas a esfera da Igreja, porém Jesus veio para restaurar a Terra de uma forma completa, nos dando a autoridade para estabelecer o Reino dos Céus em todas as esferas da sociedade.

O ponto crucial a se pensar é que, se o nosso chamado fosse somente para frequentar uma igreja, lotar grandes conferências e dar o dízimo aos domingos, Satanás não tentaria Jesus mostrando todos os reinos do mundo. Durante anos e anos, a Igreja, por ingenuidade ou medo, tentou colocar em prática a autoridade que Jesus nos deu para ocuparmos os espaços de influência da sociedade, focando apenas na esfera da religião. Assim, pouco a pouco, o povo de Deus começou a fomentar o crescimento de uma subcultura gospel, a fim de não ser contaminado com os padrões do mundo. Porém, Deus nos chama para conquistarmos outras esferas como a da Política, da Família, das Artes e Entretenimento, da Educação, da Economia e da Comunicação, sem medo de nos corrompermos. Maior é o que está em nós do que o que está no mundo.

A verdade é que não estamos mais debaixo da antiga aliança, época em que éramos pecadores lutando para ser santos. Cristo nos comprou com O Seu sangue para nos colocar debaixo de uma nova aliança, na qual somos santos que resistem e combatem o pecado. Não somos mais homens e mulheres que fogem de ambientes escuros, porque sabemos que carregamos a luz dentro de nós. Não somos mais pessoas que se afastam de doentes, porque sabemos que podemos trazer cura. Não recuamos diante confusão, injustiça e tristeza, porque sabemos que representamos um reino composto de paz, justiça e alegria no Espírito Santo.

Se não entendermos isto o quanto antes, continuaremos fazendo parte de uma subcultura que a sociedade, infelizmente, não respeita e muito menos quer fazer parte. O Reino de Deus é muito maior do que um prédio com quatro paredes, e nós fomos chamados para estar presentes nas diversas esferas da sociedade. Chegou o momento de o povo de Deus se posicionar debaixo da autoridade que Ele já nos deu e impactar cada uma dessas esferas, sendo pioneiros de forma ousada e criativa. Nós podemos liderar a próxima revolução tecnológica do mundo. Nós somos mais do que capazes de produzir filmes, livros e músicas de altíssima qualidade, que serão sucesso de vendas e que falarão com a alma de qualquer ser humano através dos princípios do Reino. Nós podemos levantar líderes comprometidos com Deus e com suas nações para desenvolver países e promover o Reino através da erradicação da injustiça social, da corrupção, das guerras e da miséria. Nós temos o potencial de estar à frente das empresas mais inovadoras e lucrativas do mundo para financiar missões, gerar empregos e diminuir drasticamente os índices de pobreza e fome no mundo. Hoje mesmo, nós podemos reformar a sociedade através da restauração de famílias, promovendo a política de adoção de órfãos e auxiliando casais para reduzir expressivamente a taxa de divórcios. Nós temos tudo para ser a Igreja que cumpre a Grande Comissão.

As universidades ao redor do mundo são lugares estratégicos que o Senhor quer utilizar para que o cristão alcance as esferas da sociedade e cumpra a Grande Comissão. O *campus* hoje é o maior espaço de concentração dos futuros líderes da sociedade, por isso precisamos entender a importância que existe por trás da organização de ajuntamentos, momentos de oração e reuniões de avivamento dentro das universidades. Por décadas, essas instituições acadêmicas foram conhecidas como locais que desviavam muitos cristãos dos caminhos do Senhor, porém chegou a hora de o Reino de Deus ser estabelecido de forma estratégica dentro dos *campi* universitários, a fim de que os profissionais emergentes saiam prontos para liderar e governar a Terra. Para entendermos o que isso significa, vamos analisar primeiro quais são as áreas que compõem a nossa sociedade e ver como cada uma delas já está presente no ambiente acadêmico.

Hoje em dia, podemos dividir os reinos deste mundo em sete esferas que moldam a cultura da sociedade: Igreja, Família, Comunicação, Governo, Educação, Economia, Artes e Entretenimento.

Todas essas esferas refletem uma faceta da identidade de Deus. Ele é Redentor (Igreja), Ele é Pai (Família), Ele é Rei (Governo), Ele é Mestre (Educação), Ele é Provedor (Economia), Ele é Criador (Artes e Entretenimento) e Ele é Comunicador (Comunicação). E chegou a hora de nós tomarmos posse daquilo que Ele já nos deu e da autoridade que o Seu Filho nos entregou. Por esse motivo, é de extrema importância o avivamento nas universidades. A concentração das esferas em um só lugar proporciona a oportunidade para que o mover de Deus alcance não somente a Igreja, mas todas as demais esferas. Os futuros políticos, advogados, publicitários, professores, pais e mães sairão das universidades prontos para estabelecer o Reino dos Céus na Terra.

IGREJA

> Pois também eu te digo que tu és Pedro, e sobre esta pedra edificarei a minha igreja, e as portas do inferno não prevalecerão contra ela. (Mateus 16.18)

A esfera da Igreja é a que os cristãos estão mais familiarizados. Ela é, provavelmente, o campo missionário mais reconhecido entre nós, por se tratar do mais tradicional. Essa esfera é responsável por servir a sociedade através da Grande Comissão, conduzindo o homem à intimidade com Deus e o orientando acerca de como ser um discípulo de Cristo para estabelecer o Reino de Deus aqui. As maiores ameaças que encontramos quando tentamos influenciar essa esfera são a idolatria e o espírito religioso. Todos os que desejam ocupar um lugar de destaque dentro dessa esfera precisam guardar os seus corações e se comprometer a adorar somente a Deus. Porque não há autoridade para conquistar a esfera da religião e expulsar a "falsa adoração" se não formos pessoas que adoram em espírito e em verdade (João 4.23). A adoração em espírito e em verdade é apaixonante e contagiante. Ela desperta em nosso íntimo o desejo de conhecer a Deus face a face e exaltá-lO por quem Ele é. Com toda a certeza, os Pockets têm servido como embaixadas da Igreja dentro dos *campi* universitários, para despertar jovens a conhecerem a Jesus e combaterem a religiosidade de muitas pessoas que não conheceram o poder de um evangelho real e palpável. Como cidadãos do Céu que carregam o Espírito

Santo, temos a função de revelar a verdade da Palavra, o amor de Cristo e o poder do Espírito Santo dentro das universidades, para que jovens de todas as esferas sejam reconciliados com o nosso Deus.

Família

> Que governe bem a sua própria casa, tendo seus filhos em sujeição, com toda a modéstia. (1 Timóteo 3.4)

Edificar sua casa, educar seus filhos, servir ao seu cônjuge com excelência e amor, ser um bom pai e uma boa mãe são princípios bíblicos para a família.

Deus é o arquétipo de toda a paternidade, e foi Ele quem instituiu a família desde a Criação. A Palavra de Deus revela a nossa filiação, em Gálatas 4.26, dizendo:

> Pois todos vós sois filhos de Deus mediante a fé em Cristo Jesus.

Quando aceitamos a Jesus em nossos corações, entramos para a família de Deus, começamos a viver a nossa vida como filhos do Rei e, consequentemente, nos inserimos no Reino dos Céus. Como filhos e filhas de Deus, cidadãos celestiais, nosso andar, nossas atitudes e estilo de vida devem representar a nossa verdadeira identidade. E isso só é possível porque um dia tivemos um encontro com o amor do Pai, o amor perfeito que transformou as nossas vidas e nos capacitou a fazermos parte dessa família maravilhosa. Além de capacitar o Seu povo para ser modelo e exemplo, por meio de famílias que trazem esperança para um mundo que acha "normal" o índice do divórcio aumentando a cada dia, creio que o Senhor também levantará profissionais que serão usados por Deus de forma muito específica para aconselhar e restaurar relacionamentos.

Tenho fé de que o Senhor está levantando e formando, dentro das universidades, os futuros psicólogos, terapeutas e outros profissionais que trabalharão diretamente na esfera da família. Eles serão cheios da presença de Deus e trarão a solução para casamentos que aos olhos humanos estão sem esperança. Esses profissionais, capacitados pelo Espírito, serão usados de forma sobrenatural para mostrar ao mundo que para Deus tudo é possível ao que crê.

E abençoarei os que te abençoarem, e amaldiçoarei os que te amaldiçoarem; e em ti serão benditas todas as famílias da terra. (Gênesis 12.3)

GOVERNO

O Reino de Deus é feito de paz alegria e Justiça. Abre a tua boca; julga retamente; e faze justiça aos pobres e aos necessitados. (Provérbios 31.9)

Eu não sei você, mas eu tenho a convicção de que hoje, mais do que nunca, nós precisamos de uma reforma em nossa sociedade, especificamente, na esfera da política. Por anos, homens e mulheres foram colocados em funções de poder na sociedade, mas, por falta de preparação, acabaram colocando em risco toda a sociedade. A preparação que menciono não é apenas acadêmica, mas, principalmente, espiritual, que gera bom caráter e temor a Deus. Um dos melhores exemplos daquilo que o Senhor quer fazer na esfera da política é o que as Escrituras descrevem em Lucas 9:

> Quando Jesus ia a atravessar Jericó, um homem muito rico, chamado Zaqueu, que era um chefe dos que cobravam impostos, procurou ver Jesus. Mas como era de estatura baixa e não conseguia espreitar por cima da multidão, correu à frente e trepou a uma árvore junto à estrada para ver dali. Quando Jesus ia a passar, olhou para cima e, vendo Zaqueu, chamou-o pelo nome: "Zaqueu, desce depressa porque convém-me visitar-te hoje. Ele saltou para o chão e, satisfeito, trouxe Jesus a sua casa. Mas a multidão ficou descontente. "Afinal, vai ser hóspede de um conhecido pecador", murmuravam. Entretanto, Zaqueu levantou-se e disse-lhe: "Senhor, darei metade da minha fortuna aos pobres. E se tenho cobrado a mais nos impostos, restituirei quatro vezes esse valor!" Jesus disse: "A salvação entrou hoje neste lar. Este homem é filho de Abraão, e foi pessoas assim que eu, o Filho do Homem, vim buscar e salvar. (Lucas 19.1-10)

Zaqueu trabalhava diretamente para o governo na área de coleta de impostos. Por causa de um encontro sobrenatural com o Senhor Jesus, ele reconheceu tudo o que havia feito de errado, toda a corrupção e roubo que tinha se envolvido. Como um sinal de arrependimento genuíno, decidiu devolver quatro vezes mais o valor que havia cobrado das pessoas de forma injusta e corrupta. Fico pensando como isso seria nos dias de hoje se Jesus impactasse a vida de políticos de maneira sobrenatural. Não precisaríamos mais de delação premiada ou qualquer tipo de investigação a fim de fazer com que políticos corruptos confessassem seus erros e devolvessem a quantia desviada. Creio que, assim como foi com Zaqueu, o Senhor Jesus quer restaurar a esfera da política a ponto de haver uma "autodelação", assim como foi com Zaqueu. Ninguém precisou interrogá-lo, pois o encontro que teve com o Messias foi tão poderoso e transformador, que a única coisa que ele queria fazer era a vontade de Deus.

Creio que Deus levantará uma nova geração de políticos que entendem a responsabilidade de representar todo um povo e exercer suas posições debaixo dos princípios e valores do Reino. Com a graça e misericórdia de Deus, ao longo dos cursos de Gestão de Políticas Públicas, Direito, Relações Públicas e Internacionais, e outros, esses futuros profissionais serão impactados com o Reino de Deus presente em seus *campi* universitários.

EDUCAÇÃO

> Toda a Escritura é inspirada por Deus e útil para o ensino, para a repreensão, para a correção, para a educação na justiça, a fim de que o homem de Deus seja perfeito e perfeitamente habilitado para toda boa obra. (2 Timóteo 3.16-17)

A geração que assumirá posições na sociedade num futuro breve já está sendo influenciada diariamente nas escolas e universidades hoje. Em razão disso, nós, cristãos, devemos exercer o nosso papel de ser sal e luz: escrevendo currículos, ensinando, administrando e participando em associações de pais e mestres e como membros de conselhos escolares, com o objetivo de barrar qualquer tipo de avanço que não seja pautado nos valores e princípios do Reino de Deus.

Foi a partir desse entendimento e conscientização, que decidimos dar um grande passo de fé e, de forma sobrenatural, adquirir uma fazenda localizada no estado de São Paulo. Uma das palavras que o Senhor nos entregou foi que o Dunamis não apenas alcançaria as universidades através do Dunamis Pockets, mas que um dia nós teríamos a nossa própria universidade. Atualmente, estamos trabalhando para a sua construção. Será um espaço onde professores lecionarão cursos, como Administração, Direito, Medicina, Publicidade, Teologia e outros, debaixo dos princípios bíblicos, com o intuito de preparar os futuros líderes da nossa sociedade.

A Palavra de Deus é a base do ensino. A partir dos princípios e valores cristãos, crianças, adolescentes e jovens universitários têm a oportunidade de ser equipados com conhecimento a fim de exercerem suas funções de forma excelente na sociedade. Por isso, necessitamos de professores, pedagogos e outros profissionais cheios do Espírito Santo que trabalharão nessa esfera de forma direta, despertando outros naquilo que o Senhor os comissionou.

Um grande mestre passa sabedoria para a próxima geração. Nada melhor do que salas de aula repletas de jovens ou crianças com fome de aprendizado, sendo impactadas e abençoadas com cultura e sabedoria saudáveis.

NEGÓCIOS

> Antes te lembrarás do Senhor teu Deus, que ele é o que te dá força para adquirires riqueza. (Deuteronômio 8.18)

O cristão é chamado para uma tarefa de domínio, trazendo toda área da vida em submissão a Jesus Cristo e Seus mandamentos. Porém, essa tarefa não pode ser realizada sem envolvimento com o nosso mundo, incluindo os assuntos econômicos.

Deus quer que sejamos bem-sucedidos e missionários no mundo dos negócios. Entretanto, por muito tempo, o assunto dinheiro foi tema de grande polêmica nas igrejas por conta das contradições de alguns líderes que não exercem boa mordomia. Com toda a certeza o dinheiro é um tema que o Senhor colocou grande importância, se não fosse, a Bíblia não o mencionaria mais de 200 vezes ao longo das Escrituras. O problema não é o dinheiro, mas a importância que damos a ele, colocando-o acima Deus (veja Lucas 18:18-25). Deus nos testará em relação a isso, e poderá pedir para darmos tudo o que temos. E eu acredito que chegou o momento em que o

Senhor levantará homens e mulheres capacitados para gerar negócios que irão beneficiar indivíduos, famílias, sociedade e principalmente o Reino de Deus.

Muitos dos jovens universitários envolvidos com os Dunamis Pockets estão fazendo estágio em diferentes empresas. O meu conselho para todos eles é: "Seja o melhor estagiário que aquela empresa já teve". Tudo o que temos de fazer, façamos para o Senhor. Além do bom testemunho, com certeza você será promovido e, assim, alcançará uma posição de prestígio naquela empresa. Algo que precisa ficar claro é que somos abençoados por um propósito, que, no caso, é abençoar. Não somos abençoados para guardar as bênçãos para nós. Ter esse entendimento é fundamental para conseguirmos estabelecer o Reino de Deus em nossa esfera. A posição de liderança dentro de uma empresa significa, sim, um salário melhor, porém a razão principal é a influência que você pode ter, a fim de estabelecer o Reino de Deus naquele local de forma muito mais fácil do que sendo um estagiário. Um cargo de liderança elevado ou a diretoria de uma grande multinacional não apenas estenderia sua influência para seus funcionários, mas também para a sociedade. Grandes empresas, como Apple e Microsoft, têm expressivo papel de influência na sociedade hoje. Quão grande e positivo impacto essas empresas poderiam causar tendo líderes que valorizassem os princípios do Reino?

 O Senhor está levantando nas universidades do mundo todo jovens empresários que saberão lidar com finanças, pois entendem que são abençoados para abençoar vidas e expandir o Reino de Deus na Terra.

COMUNICAÇÃO

Quão formosos são, sobre os montes, os pés do que anuncia as boas novas, que faz ouvir a paz, do que anuncia o bem, que faz ouvir a salvação, do que diz a Sião: O teu Deus reina! (Isaías 52.7)

A mídia engloba os meios de comunicação, eletrônicos e impressos, os quais exercem clara influência em qualquer sociedade. Os profissionais que estão envolvidos nesta esfera são vistos como servidores de causa própria e, muitas vezes, manipuladores. Mas ainda assim, a mídia é crucial na formação da opinião de uma sociedade. As notícias não são uma questão de pouca importância. As notícias que recebemos e as que damos são igualmente poderosas para condicionar o estado de nossa alma. Notícias corrompidas corrompem pessoas, notícias que promovem valores e verdades do Reino fortalecem porque trazem esperança.

Como água fresca para a alma cansada, tais são as boas novas. (Provérbios 25.25)

Por meio de Sua Palavra, o Senhor criou Céus e Terra. Palavra é comunicação. Se permitirmos que essa esfera seja liderada por pessoas que não conhecem a Verdade, infelizmente toda a sociedade será alimentada por mentiras e meias verdades. Quando as notícias são apropriadamente apresentadas, elas mostram que Deus está presente e no comando. A verdade sempre apontará para Deus e Ele revelará o Seu propósito redentor.

Deus está formando verdadeiros evangelistas dentro das universidades para serem profissionais da comunicação que relatarão os fatos da sociedade, mas também, por meio da verdade, levarão esperança ao povo. Ele está levantando jovens universitários, envolvidos com Rádio, TV e meios eletrônicos e impressos para influenciar a sociedade com os princípios da verdade, relatando tudo aquilo que o nosso Deus já está fazendo na face da Terra. Jovens que serão a expressão daquilo que está escrito no livro de Isaías:

> O espírito do Senhor DEUS está sobre mim; porque o SENHOR me ungiu, para pregar boas novas aos mansos; enviou-me a restaurar os contritos de coração, a proclamar liberdade aos cativos, e a abertura de prisão aos presos. (Isaías 61.1)

ARTES E ENTRETENIMENTO

> Porque, quem conheceu a mente do Senhor, para que possa instruí-lo? Mas nós temos a mente de Cristo. (1 Coríntios 2.16)

Sabemos que Deus é criativo em Sua essência porque Ele é o Criador. Quando Paulo diz que nós temos a mente de Cristo, significa que nós temos acesso à mesma maneira de pensar que Jesus. Nós temos o acesso à mente de Deus através do Espírito Santo para criar coisas que olho nenhum viu, ouvido nenhum ouviu e mente alguma imaginou. Ele depositou em nós, dons e talentos específicos para criar entretenimento e obras de artes que revelam a beleza de Deus e alimentam a alma das pessoas com os valores do Reino. Cinema, fotografia, música, *design*, artes plásticas, arquitetura, literatura, gastronomia, esportes, entre outras diversas formas de arte e entretenimento, servem de canal para influenciarmos e inspirarmos a sociedade. Uma das coisas interessantes que encontramos na Bíblia é que o primeiro ser humano cheio pelo Espírito Santo foi um artista:

> E o Espírito de Deus o encheu de sabedoria, entendimento, ciência e em todo o lavor, E para criar invenções, para trabalhar em ouro, e em prata, e em cobre, E em lapidar de pedras para engastar, e em entalhar madeira, e para trabalhar em toda a obra esmerada. (Êxodo 35.31-33)

Assim como foi com Bezalel, o Senhor derramará do Seu Espírito sobre seus filhos e filhas para que o Reino seja estabelecido neste mundo. Todas as vezes em que somos cheios do poder sobrenatural, existe uma razão. Deus nunca derramará do Seu poder sobre as nossas vidas para que simplesmente tenhamos uma sensação agradável e nada além disso. Quando lemos o livro de Atos, especificamente o segundo capítulo que relata sobre a descida do Espírito Santo, observamos que Pedro recebe o poder de Deus e se levanta cheio dele para pregar o Evangelho. O mesmo aconteceu como Bezalel, que recebeu o poder do Espírito Santo para a construção do templo do Senhor. Dessa mesma forma será com artistas envolvidos nas diferentes áreas que necessitam da criatividade divina. Jovens serão cheios da presença de Deus com o objetivo de criar obras que serão instrumentos para marcar vidas através da beleza do nosso Criador, transformar sociedades e salvar almas.

Todos nós fomos criados para gerar um impacto no mundo. Todos fomos chamados para o tempo integral, cada um dentro da sua esfera de influência e atuação. A nossa missão nas esferas da sociedade é, além da comunicação das boas novas de salvação às pessoas, também exercer influência na cultura e no estilo de vida das pessoas a fim de que a sociedade seja reformada para a glória de Deus.

> E do trono saíam relâmpagos, e trovões, e vozes; e diante do trono ardiam sete lâmpadas de fogo, as quais são os sete espíritos de Deus. (Apocalipse 4.5)

Muitos pensam que o objetivo de Deus é somente salvar a humanidade da corrupção a que chegou e levá-la a um lugar melhor. Se o objetivo de Deus fosse só esse, não haveria sentido em Deus instalar o Seu Reino na Terra através do jardim do Éden. A salvação não é o objetivo final de Deus. O Seu objetivo é o assunto que Jesus mais aborda: o Reino de Deus. Reestabelecer o Seu Reino na Terra é o principal objetivo de Deus. Para isso, temos a autoridade de Deus devolvida a nós por Jesus. Não queremos apenas avivalistas que vão se mover no sobrenatural, mas também reformadores que vão conseguir transformar sociedades para serem um espelho do Céu aqui.

Empresários, publicitários, médicos, pastores, estilistas, diretores, cientistas, políticos serão levantados nas universidades do mundo a fora não apenas para serem excelentes naquilo que se propõem como profissionais, mas para serem como embaixadores do Reino de Deus e reformadores sociais. Quando o Universitários Dunamis começou a ganhar grande influência na minha universidade, jovens de outros cursos começaram a participar, e foi naquele momento que obtive mais convicção de que, independentemente das nossas crenças ou qual esfera nós somos chamados a atuar, todos temos o profundo desejo de alcançar algo que só pode ser achado em Deus. Uma das histórias mais marcantes do Dunamis Pockets exemplifica exatamente isso. Todos os semestres visitávamos e apoiávamos outros líderes de Pockets em suas reuniões. Logo no início do semestre, recebi o convite de um dos líderes de uma universidade bem conhecida na cidade de São Paulo para levar uma mensagem e compartilhar experiências do nosso *campus*. Depois de compartilhar tudo aquilo que o Senhor havia colocado em meu coração, fiz uma oração simples e breve para encerrar a reunião. Nunca vou me esquecer da reação dos estudantes naquele dia. Assim que terminei de orar, percebi que ninguém tinha prestado atenção no que eu tinha dito. Todo mundo estava me olhando com uma expressão de tédio. Comecei a sentir uma mistura de frustação e desânimo diante daquela cena. A reunião tinha terminado e, aparentemente, nada sobrenatural tinha acontecido. Quando ela se deu por encerrada, eu decidi ir embora depois de me despedir do líder daquele Pocket. A frustração e o desânimo me acompanharam até o carro. Eu pensava: "Deus, o Senhor tem certeza de que eu fui chamado para influenciar as universidades?". Entrei no carro e, antes que eu pudesse dar partida no veículo, uma jovem apareceu do nada, bateu no meu vidro com força e disse : "Antes de você ir embora, será que posso ter uma palavrinha com você?". Confesso que fiquei um pouco assustado com aquela abordagem, mas decidi descer do carro para conversar com aquela estudante. Ela se apresentou e, então, começou a compartilhar o seu testemunho comigo. Desde seus 12 anos, ela vinha sofrendo com traumas do passado que lhe provocaram depressão e um desejo intenso de punir o seu corpo. De acordo com ela, aquelas experiências traumáticas eram fruto de brigas que teve com sua mãe e seu ex-namorado. Essa jovem me contou que havia tentado se cortar com uma navalha e até tomar soda cáustica como uma forma de se envenenar, mas nunca tinha tido êxito em tirar a própria vida. A última vez que havia tentado o suicídio foi dentro da universidade que estávamos naquele momento. Depois de uma briga feia com os pais, ela saiu de casa e foi direto para a aula. Assim que a aula acabou, ela foi até o último andar de um dos prédios do *campus* para tentar encontrar uma sala vazia, da qual pudesse se jogar de uma das janelas. Seu plano teria dado certo se não fosse pelo fato de todas as janelas daquele andar estarem lacradas naquele dia. Ainda decidida a acabar com sua vida e dor, ela resolveu ir para a avenida na frente da universidade para se jogar embaixo do primeiro carro que passasse. Enquanto caminhava em direção da saída do *campus*, escutou o som de um violão e pessoas cantando vindo de uma sala de aula. A curiosidade para saber o que estava acontecendo fez com ela optasse por adiar seu plano por alguns minutos. Quando ela chegou diante da sala para descobrir o que estava acontecendo, uma jovem desconhecida foi ao seu encontro e disse algo que mudou sua vida para sempre:

— O inimigo acabou de tentar tirar a sua vida, mas Jesus está aqui e quer te dar uma vida completamente nova.

Chorando, naquele estacionamento, a jovem começou a me agradecer porque aquela reunião era um encontro do Pockets que havia acontecido há um mês e, de lá para cá, ela tinha decidido aceitar a Jesus como seu único Senhor e Salvador. Após todas aquelas palavras, com os meus olhos cheios de lágrimas, eu olhei para ela e disse: "Muito obrigado por me contar seu testemunho". Aquela jovem é um testemunho de como uma universitária pode ter sua vida radicalmente transformada por um encontro com Deus dentro do *campus*. Atualmente, ela serve ao Senhor no seu mercado de trabalho. Está 100% curada de seus traumas e apaixonada pela vida.

Muitas vezes, não nos enxergaremos capazes de transformar a esfera na qual o Senhor está nos enviando. Talvez, hoje, você se encontre na posição de estagiário, com a mínima influência dentro da empresa que trabalha. Aos olhos humanos, parece impossível que um dia você possa assumir uma posição de influência no local que o Senhor o enviou, mas a Palavra de Deus deixa bem claro que é Ele quem efetua o querer e o realizar. Se Ele enviou você, pode ter certeza de que Ele irá capacitá-lo. Ele colocará as palavras certas na sua boca, abrirá as portas, promoverá você diante os homens e dará tudo aquilo que você necessita para ser um embaixador do Reino dos Céus aqui. Uma das maiores dicas que eu posso deixar para você através deste capítulo é: não julgue um chamado divino com a ótica humana, pois muitas vezes não vai fazer sentido, porém Deus escolhe as coisas loucas deste mundo para confundir as sábias.

O testemunho dessa jovem universitária é uma prova de como o Senhor quer impactar, restaurar e enviar os futuros reformadores da sociedade. O *campus* será conhecido como um local de encontro, preparação e envio da maior força missionária que o mundo já viu: os filhos de Deus. Creio que não estão longe os dias em que os universitários serão enviados como missionários para os países da [1]janela 10/40, como também para os escritórios de advocacia, consultórios médicos, agências de publicidade, igrejas e grandes corporações, a fim de que os Reinos deste mundo se prostrem e adorem o Rei dos reis, o nosso Senhor Jesus Cristo. Não importa qual seja a sua idade, sexo, formação acadêmica, profissão ou *status* social, Deus já colocou dentro de você a provisão para dominar as esferas da sociedade que Ele deseja ocupar com o Reino. Deus pensou em você na eternidade e o fez nascer na Terra, nesta geração, para um tempo como este. Que você descubra a glória que Ele depositou em você e se levante para manifestar o Céu na Terra.

---

[1] Janela 10/40 é um termo criado pelo missionário cristão Luis Bush, em 1990, para referir-se à região menos evangelizada do mundo, localizada entre 10 e 40 graus ao norte do Equador. Essa janela geográfica se estende do Oeste da África, passa pelo Oriente Médio e vai até a Ásia, cobrindo um terço total do planeta e representando dois terços da população mundial. São cerca de 3,2 bilhões de pessoas em 62 países.

CAP. 8

o poder sobrenatural da excelência

CÉSAR BIANCO

Uma das palavras que podem sintetizar a vida de um verdadeiro cristão é a palavra "entrega". Ela é sinônimo de adoração, serviço, coragem, sacrifício, fidelidade, fé, bondade e, principalmente, amor. Nosso Deus nos ensinou isso quando entregou Seu filho unigênito para salvar o mundo que tanto amou (João 3.16). A nossa entrega fala mais que as nossas palavras, porque a entrega é um ato, no qual, muitas vezes, convergimos toda nossa atenção, tempo, energia, talentos, recursos, paixão e confiança. Ela, por si mesma, é cativante, porque carrega o melhor de cada um de nós. E é por isso que ela também é sinônimo de excelência. Muitos de nós crescemos acreditando no mito de que excelência é o mesmo que perfeição, quando na verdade não é. Excelência é o melhor daquilo que temos para dar. À vista disso, todos podemos ser excelentes, porque todos temos algo de bom para entregar. Eu acredito que, independentemente da nossa fé ou gostos, é impossível não admirar alguém quando estamos diante da entrega do seu melhor. Isso nos inspira! Isso provoca o nosso desejo de encontrar algo pelo qual possamos nos dar por inteiros. A verdade é que só há um lugar em que podemos fazer isso e saciar nossa alma, e esse lugar é em Deus. Quando nos entregamos para Ele e por Ele, todas as coisas passam a fazer sentido, e todos à nossa volta começam a conhecer o melhor que está em nós. E, consequentemente, isso os estimula a conhecerem Aquele que nos faz ser tão excelentes: o nosso Deus.

Ao meu ver, a busca por excelência é algo tão estratégico para cumprirmos a grande comissão quanto manifestar o poder sobrenatural. Acredito que ser o melhor aluno da sua universidade ou o mais bem-sucedido funcionário da sua empresa é tão espiritual e relevante para o avanço do Reino de Deus na Terra quanto pregar em uma grande reunião de avivamento. Digo isso porque excelência, tanto quanto o sobrenatural, é algo que devemos desejar constantemente em todas as áreas da nossa vida. Se temos a oportunidade de escolher o melhor, ele sempre deverá ser a nossa escolha. Esse deve ser nosso padrão, porque, assim como nosso Pai Celestial, todos nós desejamos experimentar o excelente todos os dias. Eu creio que temos esse desejo porque, quando experimentamos uma expressão do melhor, nos sentimos honrados, gratos e amados, tanto quanto nos momentos em que recebemos uma palavra profética ou experimentamos um milagre de Deus. Ouso até dizer que a excelência, por não ser uma característica tão espiritualizada na sociedade, é algo mais desejado que o sobrenatural. Porque, independentemente da fé das pessoas ao nosso redor, todos desejamos ter o melhor. Assim sendo, é possível dizer que ser excelente é uma das formas mais sutis e eficazes de estabelecer a cultura do Reino na sociedade e adquirir influência diante das autoridades. Digo isso, porque a própria Bíblia nos mostra esta verdade através da vida de homens, como José do Egito, Daniel, Neemias e o Rei Salomão. Pessoas que constantemente se esforçam em ser os melhores naquilo que fazem (natural) e buscam em Deus capacitação para trazer soluções que estão além do intelecto humano (sobrenatural) comunicam ao mundo que carregam um espírito diferente. As Sagradas Escrituras nos dão um exemplo disso ao mencionar que Daniel carregava um "espírito excelente" após ter se provado através de muitos anos de estudo e por meio de sinais e revelações.

> Porquanto se achou neste Daniel **um espírito excelente**, e conhecimento, e entendimento, interpretando sonhos e explicando enigmas, e resolvendo dúvidas. (Daniel 5.12 - grifo do autor)

Sem dúvidas, Daniel foi um grande homem de Deus e exemplo do poder da entrega e excelência. Se analisarmos todas as situações em que esse profeta precisou solucionar algum problema, fosse referente ao imperador da Babilônia e seu povo ou à sua vida pessoal, podemos perceber que existe um padrão: uma atitude de entrega seguida de uma manifestação de excelência. Daniel sempre buscava a excelência se entregando por meio de disciplinas naturais (estudo da cultura e ciência) e espirituais (jejum, oração, adoração, meditação). Esse empenho e disciplina naquilo que era natural, somados aos passos de fé que ele dava, contribuíam para que Deus viesse com o sobrenatural e o enchesse com Seu Espírito. Isso fazia dele um homem preparado e competente para solucionar problemas como decifrar enigmas, interpretar sonhos, aconselhar autoridades e até sobreviver a uma cova cheia de leões. Daniel jamais foi o imperador da Babilônia, porém ele influenciou o desenvolvimento e a cultura daquela nação durante três reinados. Se é do nosso interesse ocupar os lugares de influência dentro das esferas da sociedade, assim como Daniel fez, precisamos dar tudo que temos para sermos excelentes. Jamais seremos perfeitos, porém podemos ser os melhores se entregarmos o nosso melhor para honrar a Deus. O que nós temos em nossas mãos já é suficiente para galgar novos níveis de excelência e influência todos os dias. A graça de Deus remove todas as nossas desculpas e nos mostra que podemos fazer muito com o pouco se formos fiéis. Se você tem uma aula para assistir, chegue na hora e preste atenção. Se você tem um trabalho para entregar, entregue no prazo e bem feito. Se você tem uma prova para passar, estude e se prepare para dar o seu melhor nela. Se você carrega um dom, seja diligente com ele e o desenvolva para ser uma referência naquilo. Se você possui uma palavra de Deus, não espere que ela se cumpra sozinha, faça o seu natural para que Deus possa fazer o sobrenatural colocando-o numa posição de destaque no lugar que Ele preparou para você.

    Um dos testemunhos dos Dunamis Pockets que mais me inspira a perseguir a excelência é o de um jovem universitário que durante a época que frequentava os Pockets foi efetivado como analista sênior de investimentos, aos 20 anos, dentro de uma das maiores empresas de cartão de crédito do mundo. Durante cerca de um ano, ele trabalhou nessa multinacional como estagiário, até que sua chefe enxergou nele e no seu trabalho a característica da excelência e decidiu promovê-lo confiando que ele daria conta do desafio do novo cargo mesmo sendo muito jovem. Por muitos meses, ele sentia que seus colegas de trabalho não acreditavam nele pela falta de experiência, uma vez que até ele chegar nessa posição dentro da empresa, o analista sênior mais jovem tinha 27 anos e era pós-graduado naquela área. Aos olhos humanos esse jovem universitário não tinha capacidade para estar ali. Contudo, o Senhor sempre honra aqueles que são fiéis a Ele e buscam a excelência correndo aquela milha a mais.

    Em um determinado dia, quando todos os analistas estavam reclamando sobre os números de um investimento da empresa estarem surpreendentemente altos, esse jovem decidiu separar um tempo para analisar alguns relatórios, algo que nem estava na sua lista de atividades, para tentar entender se aquela quantia fazia sentido. Após alguns dias analisando aqueles relatórios e conferindo os números, ele percebeu uma enorme discrepância de valores e decidiu acionar a área de inteligência da empresa para identificar onde estava a origem do problema. Foi então que um erro no sistema de investimento da empresa foi descoberto. Esse erro fazia com que a empresa, de forma quase que imperceptível, investisse mais dinheiro do que o que estava programado para investir mensalmente na parceria. Ao final da análise do caso, constatou-se que aquele erro estava custando aos cofres da empresa um prejuízo de aproximadamente 5 milhões de reais. Como recompensa por um excelente trabalho de análise, o jovem universitário recebeu uma bonificação e o reconhecimento público por parte de sua chefe e todos os seus colegas. Esse episódio não só serviu para validar a competência desse jovem para ocupar o cargo que Deus lhe havia confiado na empresa, como também para revelar o poder e a influência da excelência diante dos homens.

> Você já observou um homem habilidoso em seu trabalho? Será promovido ao serviço real; não trabalhará para gente obscura.
> (Provérbios 22.29)

Creio que todos deveriam memorizar esse versículo de Provérbios 22, desde as crianças até os adultos. Por muitas vezes, nos é dito que ser bem-sucedido na vida não tem tanto a ver com o que sabemos, mas sim com quem conhecemos. Contudo, apesar de reconhecer o poder que há em se fazer boas conexões, eu não concordo com essa afirmação. Não quero aqui descartar o mérito que há em se fazer conexões que nos ajudam a destravar situações que parecem emperradas. Sei que há valor nisso e sempre incentivo quem está ao meu redor a se conectar com as pessoas certas. Meu próprio pastor sempre diz que podemos estar a uma conexão de destravar o nosso destino. Entretanto, a nossa habilidade de conexão jamais nos fará isentos de sermos excelentes. Tanto a excelência como o nosso dom para conectar podem nos dar acesso a lugares de influência para transformar a sociedade, mas é a excelência que nos fará permanecer nesses lugares. Além das conexões, precisamos nos desenvolver em nossas habilidades e sermos modelos de inspiração naquilo que nos colocamos à disposição para fazer. Precisamos viver a verdade de Provérbios 22.29, desenvolvendo habilidades para, então, sermos colocados diante de autoridades, aproveitando a oportunidade de representar o Reino do qual fazemos parte. Mas como podemos começar a desenvolver a excelência?

Uma grande chave para você começar a se mover em excelência é descobrir onde está o seu coração. Em quais atividades você enxerga a graça de Deus? O que você considera ser seu ponto forte e quer sempre melhorar? O caminho para ser excelente está em identificar seus pontos fortes e focar neles para se tornar uma autoridade naquilo que você se propõe a fazer. Ser uma referência, desenvolvendo as habilidades que Deus depositou em você, lhe dará respaldo para ser uma voz em determinada área da sociedade. Esses pontos fortes se tornam ferramentas na mão de Deus para edificar vidas. Não se esqueça de fortalecer seus pontos fracos também. Não é porque você vai focar nos seus pontos fortes que vai, desta forma, ignorar os pontos fracos. Precisamos dar a devida atenção aos pontos a melhorar, pois dessa forma somos mais excelentes ainda. Se formos excelentes, seremos indispensáveis. A excelência é um valor tão primordial para a conquista de influência e autoridade que mesmo aqueles que não são cristãos a buscam, pois entendem que ela é uma das chaves para dominar uma área. Ela, como vimos acima, começa com paixão e é seguida de muita dedicação e trabalho duro. Ela não é um dom divino que só algumas pessoas podem ter, todos temos acesso, e todos nós podemos ser cada vez mais excelentes. Ela faz parte da nossa essência porque nossa origem é Deus, e não há ninguém que preze mais pela excelência do que Ele. Porém, assim como um músculo que, apesar de já fazer parte da composição humana, precisa ser estimulado até à exaustão para que se desenvolva e atinja maior nível de força, a excelência é algo que também precisa ser exercitado em nós repetidamente para que possa ser desenvolvida. A busca pela excelência não pode ser terceirizada. Para alcançarmos maestria naquilo fazemos, nós não podemos depender de ninguém, senão de nós mesmos. E isso não deve ser encarado como um peso, mas como algo libertador. Significa que não somos reféns de circunstâncias ou peso. Não existe limite para o nosso crescimento, senão a nossa força de vontade. Por isso, quando somamos um coração que deseja tanto a excelência quanto o trabalho duro, temos, então, como resultado pessoas prontas para receber oportunidades do Céu.

No livro de 1 Samuel 16, podemos ver a história de Davi tendo acesso ao rei de Israel porque era um excelente músico. Davi foi escolhido para ministrar adoração e cura na alma de Saul porque um dos servos do rei ficou sabendo que ele era um músico excepcional. Na época, ele era apenas um adolescente, mas a sua reputação era de gente grande. Por ser excelente naquilo que fazia, podemos ver que o seu dom com a música foi o que lhe deu acesso para se conectar ao rei e, posteriormente, servindo-o como escudeiro. A maestria com o seu dom foi o que possibilitou Davi ser convidado para estar no lugar que precisava para aprender a guerrear e a reinar. Estar ao lado de Saul lhe proporcionou a chance de se tornar um herói para o povo derrotando o gigante Golias. Essa vitória, por sua vez, lhe deu acesso à oportunidade de se tornar um guerreiro formidável no exército real. Davi foi encontrado se preparando quando sua oportunidade chegou e, por esse motivo, ele pode aproveitar ao máximo essa chance, abrindo caminho para outros momentos decisivos em sua jornada até o trono de Israel. Não sabemos como ou quando nossa oportunidade virá. Mas sempre podemos fazer algo para nos encontrarmos prontos. Encontre sua paixão e afie suas habilidades. Pague o preço para ser o melhor que você pode ser. Cuide de sua parte e Deus cuidará do que acontecerá em seguida. Seja fiel com o que estiver ao seu alcance. Faça o natural que está à sua volta e se permita ser atingido pelo poder sobrenatural que transforma um modesto pastor de ovelhas em um excelente músico, guerreiro e rei. Deus é quem transforma nossos corações para sermos achados assim como Davi, homens e mulheres segundo o Seu coração.

Ao estudar um pouco sobre a vida do filho e sucessor de Davi, o rei Salomão, podemos perceber alguns detalhes que fizeram toda a diferença em sua vida para preservar o espírito excelente que herdou de seu pai. Em Cânticos dos Cânticos, Salomão usa a imagem de pequenas raposas para se referir a problemas que dificultam nossa caminhada rumo à excelência:

> Apanhai-nos as raposas, as raposinhas, que fazem mal às vinhas, porque as nossas vinhas estão em flor. (Cânticos 2.15)

Ao meditar nessa passagem, podemos perceber que existe um processo de maturidade acontecendo por aqui. As vinhas estão em flor, uma representação do fruto do nosso trabalho em processo de maturação. Se a vinha continuar sendo nutrida e cultivada diariamente, ela dará frutos valiosos a seu tempo. Entretanto, se as pequenas raposas vierem e devorarem os cachos de uvas ainda jovens, ou seja, imaturas, elas podem arruinar toda uma colheita que está por vir. Ao meu ver, essas pequenas raposas são atitudes e pensamentos ansiosos que podem impedir com que os nossos talentos, projetos, emoções, sentimentos se aperfeiçoem até à maturidade e à excelência. Essa passagem é um alerta de Salomão para não nos contentarmos em sermos medíocres. E o que significa ser medíocre?

Quando pensamos na palavra medíocre e paramos para estudar sua formação, vemos que ela corresponde à união da palavra medio (metade) e ocre (montanha). Dessa forma, vemos que ser medíocre é chegar até à metade da montanha. Ser medíocre é subir somente metade do caminho, é não se esforçar para andar a milha que lhe fará chegar onde ninguém chegou. Mediocridade é fazer as coisas pela metade ou de maneira incompleta. Parece óbvio, mas 99% não é 100%. O que quero dizer com isso é que, enquanto você tiver 1% faltando, você ainda não pode dizer que entregou tudo. Devemos buscar sempre o máximo, a totalidade. Só assim conheceremos o nosso limite e não daremos margem para vivermos com remorso. Somos chamados para estar nos topos das sete esferas da sociedade assim como no topo de montanhas. O topo de uma montanha é onde podemos ver tudo e todos podem nos ver também, é um lugar de exposição. Esse é o lugar perfeito para brilhar a luz de Cristo e apontar para Ele. Porque todos que admirarem a nossa luz poderão conhecer a fonte do nosso brilho: Jesus Cristo.

    Não se contente em apenas ficar na metade da montanha e brilhar somente no meio dela. Busque sempre eliminar as raposas, os pensamentos e atitudes que refletem medo, ansiedade e insegurança. Raposas são animais que vivem com a mentalidade de sobrevivência. Nós não podemos pensar ou agir como elas, mas sim como os donos da vinha, que cultivam as uvas para alimentar a si mesmos e a outras pessoas.

    Olhe para a sua vida, quais têm sido as pequenas raposas que têm impedido você de alcançar seus objetivos? Pergunte a si mesmo o que está atrapalhando o cultivo dos seus dons e recursos? É a falta de disciplina com seus horários? Você começa as coisas, mas não termina? É falta de cuidado com a saúde? Você só usa o seu dinheiro para pagar contas, em vez de poupar para investir? É a falta de descanso para renovar as energias? Nossos hábitos revelam nosso padrão de pensamento e expressam nossas prioridades. Ou seja, aquilo que fazemos está diretamente relacionado com aquilo que acreditamos ser melhor para nós. Mas a realidade é que o nosso cérebro e o nosso corpo são programados para poupar energia e fugir do perigo. E é por isso que é tão difícil fazer qualquer atividade que exija esforço e perseverança. Quando saímos da nossa zona de conforto para desenvolver um talento, estamos literalmente lutando contra a natureza da nossa carne. Mas como meu pastor Téo Hayashi sempre me ensinou: "Conforto e crescimento não coexistem. O seu próximo nível está te esperando fora da sua zona de conforto".

Esperar é desconfortável, mas necessário para aqueles que desejam colher frutos maduros. Dê tempo para seus talentos amadurecerem e melhorarem todos os dias através de paixão, disciplina e perseverança. Pense como o dono da vinha, e não como uma raposinha.

Para eliminarmos as pequenas raposas (padrões de pensamento e atitudes) em nossas vidas, devemos focar em entender três questões que implicam em autorresponsabilidade:

- Qual é a raposa que está atuando na minha vida?

- Qual é o meu comportamento diante dela?

- O que eu preciso fazer a respeito para não deixar que ela roube meus frutos?

Quando entendemos essas três perguntas e conseguimos as respostas certas, começamos a trabalhar em um processo de reconstrução de identidade e propósito, nos tornando, assim, pessoas que não são reféns de uma mentalidade de sobrevivência. Por exemplo, se eu identifico o hábito de começar as coisas e não terminá-las, isso é como uma raposinha em minha vida, concluo que esse hábito contribui para que eu aceite apenas a metade de tudo o que Deus tem para mim. Talvez nós nunca terminamos as coisas porque tendemos a sempre fazer metas muito grandes e inatingíveis que não estão de acordo com o meu nível de entrega hoje. E é por isso que precisamos melhorar nosso planejamento e execução de metas para criarmos constância em nossa entrega. À vista disso, a melhor forma de eliminar esse comportamento de deixar tudo incompleto é fazer pequenas metas em cada área para conseguir manter a constância e completá-las. A cada tarefa completada, terei um senso de conquista cada vez maior. E, dessa forma, eu consigo renovar a minha mente para sempre terminar o que comecei. Fazer isso não significa que estamos reduzindo nossos sonhos para acomodar nossos medos, mas sim que estamos criando constância para todos os dias estarmos prontos a sonharmos mais. Assim como o rei Salomão nos ensina, precisamos vigiar nossa vinha (nossa mente) para estarmos sempre amadurecendo ao ponto de sermos excelentes em tudo, de tal maneira que cativaremos os reis e rainhas deste mundo.

> E ouvindo a rainha de Sabá a fama de Salomão, acerca do nome do SENHOR, veio prová-lo com questões difíceis. E chegou a Jerusalém com uma grande comitiva; com camelos carregados de especiarias, e muitíssimo ouro, e pedras preciosas; e foi a Salomão, e disse-lhe tudo quanto tinha no seu coração. (1 Reis 10.1-2)

No século VI a.c., havia uma rainha muito bela e muito rica que reinava na cidade de Sabá. Essa cidade ficava cerca de dois mil quilômetros de Jerusalém. A rainha de Sabá era uma mulher muito conhecida, famosa e uma pessoa de influência naquela época. Quando ela ouviu dizer sobre a fama de Salomão, decidiu ir ao encontro do rei de Israel para comprovar tudo aquilo que ela já tinha ouvido acerca dele. Ela estava em busca de uma experiência real com a excelência. Ela não se contentava apenas com o que ela ouvia falar. Ela queria ver com os próprios olhos e tirar as próprias conclusões.

> Vendo, pois, a rainha de Sabá toda a sabedoria de Salomão, e a casa que edificara, e a comida da sua mesa, e o assentar de seus servos, e o estar de seus criados, e as vestes deles, e os seus copeiros, e os holocaustos que ele oferecia na casa do Senhor, ficou fora de si. E disse ao rei: Era verdade a palavra que ouvi na minha terra, dos teus feitos e da tua sabedoria. E eu não cria naquelas palavras, até que vim e os meus olhos o viram; eis que não me disseram metade; sobrepujaste em

sabedoria e bens a fama que ouvi. Bem-aventurados os teus homens, bem-aventurados estes teus servos, que estão sempre diante de ti, que ouvem a tua sabedoria! Bendito seja o Senhor teu Deus, que teve agrado em ti, para te pôr no trono de Israel; porque o Senhor ama a Israel para sempre, por isso te estabeleceu rei, para fazeres juízo e justiça. (1 Reis 10.4-9)

Quando a rainha viu a sabedoria de Salomão, a casa que ele fizera, a comida que havia em sua mesa, o modo de agir de seus servos, as suas vestes, os seus copeiros e os holocaustos que ele oferecia na casa do Senhor, a Bíblia nos diz que ela "ficou fora de si" (1Reis 10.5). Como será incrível se disserem algo de nós assim como a rainha disse ao rei:

Bem-aventurados os teus homens, bem-aventurados estes teus servos, que estão sempre diante de ti, que ouvem a tua sabedoria e expressam sua excelência! Bendito seja o Senhor teu Deus, que teve agrado em ti. (1 Reis 10.9)

Eu oro neste momento por você que está lendo este livro agora, venha crescer em sua entrega, vivendo a bondade de Deus aqui na Terra dos viventes. A maneira como você vive deve provocar um arrependimento, uma mudança de mentalidade, nas pessoas ao seu redor. Meu desejo é que nós sejamos tão excelentes e sobrenaturais que o nosso estilo de vida tire o ar das rainhas de Sabá e fascine os reis da babilônia. Nós podemos influenciar os reis deste mundo e os futuros reis da sociedade nas universidades. Nós queremos adorar o nosso Deus com todos os nossos dons e também com os dons do Espírito Santo que estão disponíveis para nós. É o nosso tempo. E o mundo deseja ver o quanto estamos dispostos a nos entregar para conhecer o que nos faz tão excelentes.

CAP. 9

Os "campus" estão prontos para a colheita

FELIPPE BORGES

É extraordinário como Deus é capaz de usar qualquer coisa para falar conosco e nos presentear com novas revelações quando menos esperamos. Ele pode até mesmo usar um erro de leitura nosso para nos fazer enxergar a Sua vontade a partir de uma perspectiva jamais vista. Digo isso porque foi durante um momento de devocional que, por acaso, troquei a palavra "campos" por *campus*, enquanto lia o versículo de João 4.35:

> Vocês não dizem: "Daqui a quatro meses haverá a colheita"? Eu lhes digo: Abram os olhos e vejam os campos! Eles estão maduros para a colheita. (João 4.35 – NVI)

Sinceramente, não sei ao certo o que aconteceu com a minha vista. Talvez Deus possa ter, sobrenaturalmente, feito com que eu enxergasse outra palavra, ou eu só estava com a minha vista muito cansada naquele momento, o que me parecia mais provável. Contudo, a verdade é que isso não importa tanto. O importante mesmo é que aquilo fez com que eu, subitamente, tivesse um estalo em minha mente, um momento *eureka*, que alterou a minha perspectiva a respeito daquela passagem. Eu pensei: "Peraí! E se Deus estiver querendo me dizer que Ele vê o *campus* universitário como um campo para colheita?". Naquele instante, me lembrei de diversas passagens bíblicas que se encaixavam nessa analogia e confirmavam em meu coração essa poderosa revelação a respeito de como Deus enxergava as universidades como campos. Aos olhos do nosso Senhor, assim como uma zona rural, o *campus* universitário pode ser encarado por nós, cristãos, com um solo fértil destinado ao cultivo, colheita, pastoreio e até à descoberta de tesouros. Lá, nós podemos cultivar a cultura do Reino, pastorear vidas que compõem o nosso círculo social, encontrar tesouros preciosos como oportunidades de gerar riquezas e conexões que vão nos aproximar dos nossos destinos, para, então, colher frutos que glorificam ao Senhor: vidas transformadas. E é interessante notar que tudo isso já está ao nosso alcance como líderes universitários e profissionais emergentes no mercado de trabalho. Assim como o Senhor disse aos discípulos que os campos estavam prontos para a colheita, precisamos escutar o que Deus já tem dito sobre nós. O próprio Jesus nos ensina que não há necessidade de esperar nem alguns meses para começarmos a trabalhar na colheita, pois já temos a Sua palavra de que tudo está pronto. Estamos vivos no tempo mais propício para brilhar na sociedade, uma vez que todas as esferas necessitam da expressão do Reino de Deus para serem restauradas. Vidas estão prontas para serem libertas e salvas. A única coisa que falta são pessoas dispostas a se dedicarem para trabalhar, cultivar e colher os frutos.

> E lhes disse: "A colheita é grande, mas os trabalhadores são poucos. Portanto, peçam ao Senhor da colheita que mande trabalhadores para a sua colheita." (Lucas 10.2 – NVI)

Assim como o empregador generoso na parábola das vinhas (Mateus 20.1-16), o Senhor está à procura de colaboradores para trabalharem nesse campo missionário colhendo os frutos dessa colheita chamada avivamento.

Quando falamos de avivamento, a maioria das pessoas entende essa palavra como sinônimo de encontros memoráveis com Deus, pessoas sendo poderosamente tocadas pelo fogo do Espírito Santo, ao ponto de chacoalhar e cair debaixo de uma forte unção. Mas o avivamento não se trata disso. Ele é mais do que uma sensação ou um sentimento. O avivamento é, literalmente, a invasão do Reino celestial na Terra. O avivamento é liberado quando existe mais do que uma expressão da presença e do poder sobrenatural de Deus. Ele é plenamente liberado quando essa expressão estabelece, na Terra, a cultura que regula o governo do Céu. Ao longo da história, o avivamento sempre começou em cenários de densas trevas e confusão, quando homens comuns foram desafiados pelo Espírito Santo a não se conformarem com os padrões deste mundo. Jesus nos ensinou que o Reino era estabelecido quando demônios eram expulsos, perdidos eram salvos e enfermos, curados pelo poder do Espírito Santo. No segundo livro de Crônicas, Deus estabelece a condição para a cura da Terra: o despertar de Seu povo para buscá-lO. Isso quer dizer que Deus não vincula o avivamento da nação ao arrependimento e despertar espiritual de todos, mas apenas daqueles que fazem parte do seu Reino, que conhecem o Senhor pelo nome e possuem intimidade com Ele. As Escrituras afirmam que:

> Se o meu povo, que se chama pelo meu nome, se humilhar e orar, e me buscar, e se converter dos seus maus caminhos, então, eu ouvirei dos céus, perdoarei os seus pecados e sararei a sua terra.

(2 Crônicas 7.14)

Em outras palavras, não são todos os universitários que precisam ser despertados para que o Reino de Deus comece a invadir seus *campi*. Talvez seja necessário apenas um jovem universitário, como John Wesley na Universidade de Oxford, no Reino Unido. Esse universitário, juntamente com George Whitefield, foi o líder do grande avivamento da Inglaterra. Em 1729, um grupo de estudantes cristãos, liderados por John e seu irmão Charles, passou a realizar reuniões de oração e estudo bíblico. Por conta de sua proposta, esse grupo ficou conhecido no *campus* universitário como "Clube Santo" (*Holy Club*).

Depois de uma poderosa visitação do Espírito Santo em uma das reuniões, Wesley e Whitefield nunca mais foram os mesmos. O amor incondicional por Cristo e o desejo de cumprir a Grande Comissão preencheram seus corações, impulsionando os dois a pregar o evangelho em ajuntamentos de milhares pessoas ao ar livre. As pregações de ambos eram marcadas por mensagens ousadas e demonstrações palpáveis do poder de Deus. Aos 22 anos, Whitefield já pregava para multidões, que aumentavam diariamente, chegando a formar ajuntamentos de até vinte mil pessoas. Com o passar dos anos, o jovem começou a ser conhecido como o "príncipe dos pregadores ao ar livre". George foi o evangelista mais conhecido do século XVIII, pregando o evangelho ao longo de 35 anos na Inglaterra e nos Estados Unidos. Seu ministério lançou o alicerce para a fundação de aproximadamente 50 universidades estadunidenses, incluindo a mundialmente conhecida Universidade de Princeton. Crê-se que ele pregou mais de 18.000 sermões. Em paralelo a tudo isso, o ministério evangelístico de John Wesley também crescia sobrenaturalmente a passos largos. Além de atuar como ministro do evangelho, Wesley fundou "sociedades de avivamento" nos lugares onde ministrava, grupos pequenos que se reuniam para oração, encorajamento e estudo bíblico, assim como o Clube Santo durante os seus anos no *campus*. Seus sermões enfatizam a salvação por meio da fé e a importância do processo de discipulado para o cumprimento efetivo da grande comissão. Wesley pregava o evangelho da Salvação ao mesmo tempo em que construía estruturas para estabelecer a mensagem do evangelho do Reino na sociedade ao formar pregadores e líderes de comunidades. O trabalho de John culminou na fundação da Igreja Metodista. Como ministro do evangelho, ele cruzou a Inglaterra, viajando mais de 250.000 milhas, pregando 40.000 sermões e escrevendo aproximadamente 250 livros e panfletos sobre Cristo e seus ensinamentos.

Os frutos desses homens de Deus atestam que cristãos universitários têm tanto poder para transformar nações e comunidades quanto o próprio governo. O importante é entendermos não só a necessidade do despertar dos cristãos no *campus*, mas também o quanto de autoridade e poder está à disposição deles para mudar a sociedade. Esse despertamento dos cidadãos do Reino nas instituições acadêmicas, assim como o despertar pessoal, só encontrará espaço para acontecer quando os homens e mulheres que desejam trabalhar na grande colheita derem espaço para viverem arrependimento, paixão pela presença e o derramar do Espírito Santo. Esses são os três pontos que contribuem para começarmos a cultivar os frutos do avivamento em nossas universidades.

O arrependimento é a primeira etapa para a colheita dentro das universidades porque ele gera transformações genuínas no caráter e nas atitudes. Se não estivermos comprometidos em mudar nossa maneira de pensar e agir, é uma hipocrisia clamarmos por avivamento. As nossas ações precisam falar por si. Não temos de falar a respeito do nosso arrependimento, temos de demonstrá-lo. Aquele que mentia não mente mais; aquele que vivia em imoralidade sexual escolhe não se contaminar por amor a Deus; aquele que busca refúgio nas drogas, agora, encontra prazer e alegria na presença do Senhor; aquele que roubava escolhe ser honesto e justo. E se falharmos, basta voltar aos pés da cruz e contemplar Aquele que renova nossa mente e coração.

Como resultado do verdadeiro arrependimento, temos a alegria de ter a presença de Deus como nossa maior paixão e prioridade. Começamos a buscá-lO por quem Ele é, e não pelo que pode fazer por nós. Buscamos a Sua face, e não as mãos que podem dar bênçãos e milagres. Queremos mais d'Aquele que nos chama do que o nosso chamado. Pessoas apaixonadas são contagiantes. Elas inspiram e trazem esperança para os que o cercam, porque é nítido em seus olhos que elas carregam um propósito. Todos podem ensinar sobre o que leem nas Bíblias, mas somente aqueles que vivem e conhecem a Deus têm autoridade para nos mostrar o caminho até uma vida de intimidade com Ele. E como podemos manter vivo esse primeiro amor? Se quisermos manter o nosso coração ardente por Jesus, necessitamos aprender a desenvolver uma vida saudável de oração e leitura da Palavra, um relacionamento de intimidade com Ele 24 horas por dia, sete dias por semana. Nossa vida, nossa fome pelas Sagradas Escrituras e por tempo de intimidade com Deus é um reflexo da nossa fome espiritual. Assim como em nosso físico, se não temos fome espiritual, isso é um sinal de que não estamos saudáveis. Só estaremos prontos para receber constantemente o derramar do Espírito Santo e colocar o nosso *campus* em chamas se nos mantivermos o tempo todo queimando por mais de Jesus.

Em todo avivamento, o Senhor sempre respondeu ao arrependimento e à incessante busca pela Presença como um derramar do Seu Espírito. Não temos poder, graça e sabedoria para trazer o avivamento para as nossas universidades com nossas próprias mãos; nós precisamos do Espírito Santo. Através da História, podemos ver o Senhor capacitando e enchendo pessoas com Sua unção para fazerem a Sua vontade na Terra como reis e sacerdotes. A unção é a evidência da presença do Espírito Santo sobre nós para capacitar e manifestar a realidade do sobrenatural em nosso dia a dia. Porém, o poder do Espírito Santo não é apenas para que tenhamos uma experiência sobrenatural, mas para que sejamos testemunhas da morte e ressureição de Jesus em toda sociedade. Esse é o propósito da unção que é liberada sobre cada jovem que busca o arrependimento verdadeiro e a presença de Deus.

> Mas receberão poder quando o Espírito Santo descer sobre vocês, e serão minhas testemunhas em Jerusalém, em toda a Judéia e Samaria, e até os confins da terra. (Atos 1.8)

Somos despertados para sermos aqueles que cultivam e colhem os frutos do avivamento em nosso *campus*. É extraordinário ser cheio do Espírito Santo e termos experiências sobrenaturais com Deus, mas tão importante quanto isso é nos levantarmos com autoridade e poder para anunciar as boas novas e resgatarmos vidas. Quando o avivamento chega, é comum que o percebamos através da manifestação de sinais e maravilhas, curas, fluir profético e outras manifestações. Todas essas evidências vêm com um propósito, que é revelado no livro de Isaías:

> O espírito do Senhor DEUS está sobre mim; porque o SENHOR me ungiu, para pregar boas novas aos mansos; enviou-me a restaurar os contritos de coração, a proclamar liberdade aos cativos, e a abertura de prisão aos presos. (Isaías 61.1)

Eu me lembro do dia em que quis fazer a minha devocional mais longa e fiquei por mais de uma hora buscando a presença de Deus. Acordei mais cedo, havia montado uma *playlist* caprichada de adoração, e a única coisa que eu queria era orar e ser cheio da glória de Deus. Saí daquele momento encharcado e fui direto para a faculdade. Quando cheguei em meu *campus*, vi uma jovem com o braço imobilizado na fila do caixa eletrônico que ficava próximo à minha sala de aula. Eu me sentia tão cheio do amor de Jesus e estava tão convicto de que o Espírito Santo estava em mim que não pensei duas vezes e fui até ela perguntar o que tinha acontecido. Entrei na fila discretamente, como se fosse usar o caixa, para puxar papo. Ela compartilhou que por conta dos projetos finais de seu curso de arquitetura, sua tendinite tinha se agravado muito e estava sentindo uma dor forte e crônica. Eu lhe disse que acreditava em Deus e que já havia visto Ele curar muitas pessoas através de orações simples. Então, compartilhei alguns testemunhos e perguntei se poderia fazer uma oração. Curiosa, ela disse sim.

Coloquei as minhas mãos no seu pulso e comecei a orar dando uma ordem, no nome de Jesus, para que aquela dor deixasse o pulso dela. Enquanto eu orava, eu sentia a glória de Deus como ondas saindo do meu corpo através das minhas mãos e naquele exato momento, eu me lembrei do que o Senhor Jesus disse quando aquela mulher do fluxo de sangue O havia tocado: "Virtude saiu de mim". Ainda orando, senti a mão de uma pessoa estranha no meu ombro. Quando viro a minha cabeça para conferir quem estava ali, vejo que o universitário que estava atrás de nós na fila para sacar dinheiro juntou-se a mim na oração, concordando com todas as minhas palavras. Havia um cristão do meu lado e eu nem sabia. Contudo, a minha atitude de buscar e trazer o sobrenatural dentro do *campus* inspirou aquele jovem a talvez sair de uma zona de conforto e se posicionar em público para manifestar o Reino. Mais um trabalhador havia se juntado para a colheita. Continuamos orando por mais alguns minutos, até que, de repente, algo lindo aconteceu. Outras pessoas que estavam passando por aquele espaço comum da Universidade começaram a parar de caminhar para onde estavam indo ou sair de onde estavam para se juntar a nós e orar por aquela jovem.

Surpreendentemente, chegamos a ter meia dúzia de jovens cristãos, que não se conheciam, unindo-se naquele momento sobrenatural na Universidade. Alguns oravam em línguas, outros concordavam com o que estávamos declarando sobre aquela jovem dizendo "amém" audivelmente. Pude sentir o amor de Jesus e o poder do Espírito Santo transbordando e envolvendo a jovem pela qual estávamos orando, ao mesmo tempo em que toda aquela situação estava despertando a curiosidade das pessoas à nossa volta. Alunos, seguranças, professores, todos estavam parando para tentar entender o que estava acontecendo ali. Quando finalmente senti de terminar de orar, decidi conferir como aquela jovem estava se sentindo. Todos nós estávamos cheios de expectativa para ver se o pulso dela estava curado. Ela disse que durante a oração tinha sentido com se tivesse sido envolvida por uma onda de amor muito grande, ao mesmo tempo em que sentiu o seu pulso pegar fogo e a dor diminuir. Perguntei se queria tirar o tensor para testar se ainda sentia dor e ela disse que sim. Tiramos o tensor na frente de todo mundo que estava assistindo e fomos surpreendidos. Aquela jovem conseguia mover e flexionar o pulso como se ele estivesse novo. Toda a dor tinha ido embora sem que ela tivesse percebido! Todos nós que participamos daquele acontecimento comemoramos e demos glórias a Deus com gritos e palmas. Naquele momento, o Céu invadiu o *campus* e todos que estavam ali, cristãos ou não, tiveram uma prova de que Deus é real, ama pessoas e pode curá-las de forma sobrenatural.

    Toda aquela situação contribuiu para que eu, depois de tudo, pudesse apresentar Jesus para aquela jovem e pudesse convidar cada uma das pessoas que participaram daquela oração para se juntarem a nós em uma das nossas reuniões. Eu creio que o Senhor organizou aquele momento para que, por meio de uma expressão do sobrenatural, aqueles jovens cristãos que estavam sensíveis à dor daquela jovem fossem despertados para um estilo de vida para o qual foram chamados. Toda aquela situação também me mostrou o quão poderoso é estar cheio da unção ao ponto de derramar ondas de amor e poder dos Céus nos ambientes em que estamos inseridos. Porque, quando utilizamos um pouco da unção que Deus já nos deu, ela começa a escoar para alcançar outras pessoas e transformar o nosso meio. A unção que recebemos não foi feita para ser protegida, mas compartilhada, e quanto mais a liberarmos mais ela será renovada em nossas vidas como uma fonte inesgotável. Sonho em ver esta onda sobrenatural que tem alcançado as universidades brasileiras, através dos Pockets, alcançar especificamente as TOP 100 universidades. Sinto que tudo aquilo que o Senhor um dia nos prometeu ainda não chegou em sua totalidade. E hoje, mais do que nunca, carrego dentro de mim o sentimento de que ainda existe muito mais para se fazer.

  Durante o ano de maior crescimento que tivemos até hoje com os Pockets, o Senhor me deu uma visão profética que eu creio que faz total sentindo em relação ao que irá acontecer nas próximas décadas. Enquanto orava, o Senhor me deu uma visão aberta, e nela pude ver o mapa-múndi aberto na parede da sala em que eu estava. Com os meus olhos abertos, eu via no mapa uma onda nascendo no Brasil, ela ia crescendo e aumentando de forma muito rápida, alcançando países da América do Sul, e foi se expandido pela América Central até chegar na América do Norte. Quando a onda cresceu a tal ponto de alcançar toda a América, o Senhor me falou: "Felippe, prepare-se porque você verá do Brasil surgir um movimento de missões universitárias que se espalhará pela face da Terra de forma sobrenatural e alcançará os confins da Terra". Logo após escutar isso, aquela onda se transformou em um enorme *tsunami* e, com o coração acelerado, eu pude ver a onda gigantesca se movendo das Américas e quebrando, primeiramente, em cima da Europa. Foi quando o Senhor falou mais uma vez: "Por muito tempo, missionários, homens e mulheres que eu levantei no continente europeu, pagaram um alto preço para que hoje vocês experimentassem um avivamento genuíno, mas chegou a hora de vocês devolverem tudo o que eles fizeram com a porção dobrada". Depois de escutar aquilo, pude ver o *tsunami* quebrando na Europa e invadindo cada país europeu e, logo na sequência, alcançando a África, Ásia e Oceania até finalizar em Israel. Com toda a certeza, foi uma das visões mais poderosas que tive em toda a minha vida, e aquilo não apenas me marcou de forma profunda, como também me trouxe a convicção de que o tempo da colheita chegou.

    O tempo é agora. É hoje. Nós nascemos para um tempo como este. E, olhando para trás e estudando a história dos grandes avivamentos ao redor do mundo, o meu coração se enche de gratidão por todos aqueles que, em suas épocas, levantaram-se para ser uma voz profética e principalmente uma voz de autoridade dentro do *campus* universitário, assim como foi com John Wesley e todos aqueles que fizeram parte do grande despertar anos atrás. E quando olho para isso, só posso concluir que se Deus fez no passado, Ele continuará o que começou, e nós somos a profecia! A onda do Espírito Santo está se movendo no Brasil e não será contida em apenas um país, mas alcançará outros continentes. A minha oração em relação a tudo isso é: "Senhor, não me deixe de fora! Eu quero fazer parte de todos os Seus planos aqui na Terra".

Será com esse coração disponível e sedento que juntos faremos parte da maior colheita de almas que este mundo já viu, e veremos com os nossos próprios olhos a glória de Deus invadindo a Terra assim como as águas cobrem a Terra. Existe um convite da parte de Deus para mim e para você, que está finalizando esta leitura: você quer realmente fazer parte dessa grande revolução? Se a sua resposta for sim, prepare-se, pois a grande colheita já começou, e só irá aumentar com a vinda de mais trabalhadores. Se aplicarmos o que aprendemos e vivermos totalmente entregues para os Seus planos, veremos as universidades em chamas por Jesus e, com toda a certeza, a nossa sociedade cheia de embaixadores do Reino de Deus.

Um dos missionários em quem me inspiro, pelo seu testemunho de vida e paixão pelo avivamento das nações, é meu amigo Andy Bird, fundador do *The Send* e um dos líderes da base da Jocum em Kona (Hawaí). Certo dia, depois de sua ministração em uma das escolas missionárias do Movimento Dunamis, Andy sentiu de convidar cada jovem universitário a fazer um ato profético para declarar aos Céus e Terra que estavam comprometidos a ir aonde Deus mandasse para levar o avivamento e participar da maior colheita de almas da História da Igreja. O ato profético era tirar os seus calçados (uma representação do nosso ministério ou trabalho), levantar o mais alto possível e declarar em alta voz: "Eis-me aqui, envia-me a mim!". Aquilo me marcou para sempre. Porque esse é o estilo de vida daqueles que desejam colher os frutos do avivamento: uma entrega radical nas mãos d'Aquele que abre caminhos até mesmo no deserto. Não importa qual é o seu ministério, profissão ou história, Deus estende o convite para que você faça parte da Sua colheita. E, por isso, ao final deste livro, quero desafiá-lo a realizar esse mesmo ato profético com ousadia onde quer que você esteja agora. Se no seu coração queima o desejo de ver o seu *campus* em chamas por Jesus, durante e depois da sua jornada universitária, ao terminar esse último parágrafo, faça um favor a si mesmo e se comprometa a fazer parte do maior avivamento da História. Pegue os seus calçados e, com uma mão, levante-os o mais alto possível. E, por fim, grite:

Senhor, conte comigo para a grande colheita. Eis-me aqui, envia-me a mim!

Os *campus* estão prontos para colheita e nós somos os trabalhadores. Boa colheita!